AF580899

MEMORIAS DE UN SAUCE LLORÓN

Uldarico Posada Santos

EDIQUID

MEMORIAS DE UN SAUCE LLORÓN

Editado por: Corporación Ígneo, S.A.C.
para su sello editorial Ediquid
Av. Arequipa 185 1380, Urb. Santa Beatriz. Lima, Perú
Primera edición, octubre, 2022

ISBN: 978-612-5078-50-6
Tiraje: 50 ejemplares

Hecho el Depósito Legal en la Biblioteca Nacional del Perú N° 2022-10688
Se terminó de imprimir en octubre de 2022 en:
ALEPH IMPRESIONES SRL
Jr. Risso Nro. 580 Lince, Lima

www.grupoigneo.com
Correo electrónico: contacto@grupoigneo.com
Facebook: Grupo Ígneo | Twitter: @editorialigneo | Instagram: @grupoigneo

Diseño de portada: Mariana Barrientos
Corrección: Fabián Coelho
Diagramación: Gisela Toledo

Colección: Nuevas Voces

Índice de contenido

Una necesaria explicación ... 9

Prólogo ... 11

Sonetos de anciano ... 13

Enmohecidos sonetos de amor en el añejo baúl del recuerdo ... 21

- Antes que siempre ... 23
- En tu álbum ... 24
- Tentación ... 25
- A Emircito, un perro afortunado ... 26
- Celestial ... 27
- De nuevo en Bojacá ... 28
- Adiós... hasta pronto ... 29
- Para ti, 35 años después ... 30
- La abuela ... 31
- Meditación ... 32
- El naufragio ... 33
- A tu lado ... 34
- Sueños ... 35
- Un sueño de amor ... 36

Cantata en prosa con recitativos patrióticos ... 37

- Narración introductoria ... 39
- Buscando el patriotismo en la Cuarta Revolución ... 40
- La serpiente de dos cabezas ... 42
- Recitativo de la historia del poder en el Nuevo Mundo ... 45
- Recitativo subsiguiente ... 48
- Popurrí de ideas ... 50
- Oscuridad en silencio ... 54

Cantabile finale: Un himno al futuro 56
Añoranzas y ensueños del abuelo 57
Evocación a la memoria de mi madre 59
El pensamiento 60
Boceto 61
Ahora que estoy viejo 62
Deliciosa espera 64
A ti y a los niños 65
El cigarrillo 66
A mis nietos en el Día de la Madre 67
Hasta pronto 69
Añoranza 70
Capricho campesino 71
En el ocaso 72
20 de julio 73
El trombo 74
El viejo abuelo 75
Mi pierna 76
Un sainete pandémico 77
Champaign 79
A Champaign 81
Nochebuena 82
Un tremendo guayabo 83
Pobreza de estudiante 84
Premonición 85
Bienvenida a un amigo 86
Champaign, de nuevo 87
Narraciones cuasirreales 89
Buenos días, mi amor 91

Un jueves para el recuerdo 95
Un cuento de navidad 98
Un retozo autobiográfico 106
La visita del diablo 110
El noviazgo 119
De las radios de tubos al WhatsApp 122
Reuniones internacionales 127
Tragicomedia del profesor Bermudo Bermúdez 131
La amistad de Bermudo y Clodomiro 136
Los ancestros del profesor Bermúdez 144
La transformación de Bermudito 152
El adiós del profesor Bermudo Bermúdez 159
Encuentro con el profesor Bermúdez 165
El primer y último llanto del profesor Bermudo Bermúdez 176
Pesadilla 181
El viejo y el burro 186
Epílogo 190

Una necesaria explicación

Durante toda mi vida, he profesado una gran admiración por la poesía en todas sus formas, métricas y estilos. Así como la música entrelaza con maestría los sonidos primarios para crear deliciosas melodías, fugas y arpegios que acarician el oído, la poesía, con palabras elementales, fusiona sentimientos, ensueños, amores y añoranzas, configurando pensamientos profundos que acarician el corazón.

Aunque comprometido fielmente con el ejercicio de la ingeniería, engolosinado con las veleidades de la burocracia internacional, no perdí nunca la oportunidad de concertar furtivos encuentros con la poesía, para deleitarme con la obra de los grandes poetas, y, de paso, con ofensivo cinismo, escribir sonetos de muy dudosa calidad.

Reconociendo con humildad su poco valor literario, debo confesar que les profeso el cariño misericordioso que inspira un hijo malformado, razón por la cual me sentí impedido —fui humanamente incapaz— de hacer una hoguera con esos viejos papeles amarillentos, que, como un ejemplo pernicioso para las venideras generaciones, sobreviven en medio de mi congénito desorden.

Cuando ya se avizora en el horizonte el humo azul del pequeño barco en el que pienso viajar sin rumbo fijo por parajes desconocidos, como en una pesadilla soñada en un sueño sin término ni fin, la prudencia aconseja destruir todo aquello que dañe la imagen después de la partida. Tal es el caso de mis pobres sonetos.

A punto de proceder a la masacre poética, quedo en suspenso, considerando, o haciendo conciencia, de que ellos me han acompañado toda mi vida, desde mi juventud casi infantil en la Universidad de Illinois, hasta mis últimos desvelos de anciano, viudo y melancólico.

Solo por esta razón, más sentimental que estética, les perdono la vida, y los dejo durmiendo en este folleto, junto con unos regulares pensamientos en prosa, en espera de que, algún día, los hijos de mis nietos, accidentalmente, los despierten, y que, al leerlos, como leyendo una arcaica curiosidad, se atrevan a decir: «El anciano pasó por la vida sin pena ni gloria. Fue tan solo un soñador».

Post scriptum:
Satisfecho de dejar constancia de esta necesaria explicación de mis ensueños, y antes de retornar al silencio, confieso que quisiera poseer en las raíces mismas de mi espíritu, fisurado por los años, la energía necesaria para que con mi solo pensamiento el sol fuera más cálido y luminoso, la existencia más amable, la resiliencia más pródiga, los rosales más floridos, para los seres que amo y que me aman.

Que los guijarros del camino no maltraten sus pies, que las espinas del rosal nunca hieran sus manos y que los huracanes del destino, jamás arrasen su esperanza en un futuro digno, honrado y trasparente, ni destruyan su amor a la vida.

Prólogo

Durante mi larga vida, los libros de todos los géneros han sido mis fieles compañeros y maestros. He aprendido que todo libro que se precie de ser libro tiene un prólogo escrito por un personaje admirador o, por lo menos, amigo del autor.

En las primeras líneas de este *Folleto*, explico la razón por la cual, en vez de castigar mis escritos con muerte en la hoguera, resolví salvarlos para que los hijos de mis nietos, al leerlos, cayeran en cuenta de que su abuelo fue un soñador.

Sin embargo, a manera de prólogo, debo explicar por qué no los guardé en un sobre de manila, sino que acogí la peregrina idea de editar con ellos un libro con todos los atributos, como si yo fuera un escritor profesional. Es una razón muy simple: quiero que mi libro sea un homenaje de admiración y aprecio a los fieles compañeros. Al mismo tiempo, considero que es de una elemental cortesía aprovechar este prólogo para identificarme someramente ante un eventual lector desprevenido.

Al cumplir ochenta y cuatro años, veintitrés como un antipático solterón, cincuenta y siete con mi dulce y tierna esposa, y cuatro alimentado con su recuerdo, doy gracias por el amor que me brindan hijas, nietos, yernos y mis queridos amigos.

Soy feliz de ser lo que fui y de tener lo que tuve, en especial unos padres muy pobres en oro, pero muy ricos en amor y buen consejo. En cambio de haber sido un excelente director de una orquesta sinfónica o un escritor de renombre, fui un mediocre ingeniero de alta frecuencia y baja potencia, engolosinado con la burocracia internacional.

En Norteamérica y en Estocolmo, aprendí a pensar. También aprendí a comprender, respetar y convivir con la diversidad de razas, idiomas y costumbres, en especial con semejantes del género femenino.

Trabajé desde los doce hasta los setenta y cinco años. Siempre disfruté mi trabajo, aunque muchos de los oficios y de las jornadas fuesen extenuantes. En todas mis labores, encontré seres humanos a los que aprecié y a quienes recuerdo con aprecio. Tal vez, ellos también me apreciaron.

Nunca recibí herencia alguna, salvo el tesoro que mis padres sembraron en mi conciencia para encarar los avatares del diario vivir con nobleza, honestidad, ética y generosidad. Nunca tuve pero, al mismo tiempo, nunca me faltó.

Ahora, en la recta final, aspiro llegar a la meta sin fracturas ni contusiones. Con renovadas energías que me insuflan el amor de mi familia y el aprecio de mis pocos amigos. De esta manera, antes de desaparecer, podré exclamar, con toda la fuerza de mis pulmones, mermados por la COVID-19: ¡Vida, nada me debes! ¡Vida, estamos en paz! Y, como constancia, dejo este folleto para que duerma en una apolillada biblioteca.

Sonetos de anciano

«Estás ya muy anciano para escribir sonetos»,
me dijo un viejo amigo, entre serio y burlón.
Agradezco, mi amigo, consejos indiscretos,
musité por lo bajo, dándole la razón.

A muy pocos les cuento mis íntimos secretos,
y acepto comentarios en cualquier ocasión,
pero hilvanar, sin seso, tercetos y cuartetos,
es el mayor tesoro que guarda el corazón.

Todos somos orates con algo de poeta,
y, de manera alegre, osada e indiscreta,
escribimos poemas de pobre calidad,

pero yo, del ensueño romántico estafeta,
al escribir un verso siempre busqué la meta,
de exaltar los amores y la buena amistad.

2021, después del COVID

Desde la eternidad, la voz de un hijo muerto
me parte el corazón. Rafa, tú vives y trasciendes
en las memorias del sauce llorón.

Al imperecedero amor de María Elvira, mi esposa y amante. Soy el guardián de su memoria

A Chavita, mi madre, quien me enseñó las primeras letras y, con inmensa ternura, me insufló el amor a la lectura. Cuando escribía, hilvanaba las palabras con maestría y elegancia. Nunca pude emularla.

Sencillo homenaje de amor a mis tres hijas,
y un agradecimiento a todos los que me han amado
durante ochenta y cinco años.
La gracia no es amar, sino ser amado en todos
los instantes de la vida.

A mis tres nietos y a mis cuatro nietas, el amor cómplice y juguetón del viejo abuelo.

Al profesor Sócrates Batiste, creador de la fórmula para enriquecer la vejez

Quien claudica ante la vejez, pronto será viejo.

Hermann Hesse

En los nidos de antaño
ya no hay pájaros hogaño.

Miguel de Cervantes Saavedra

Enmohecidos sonetos de amor en el añejo baúl del recuerdo

Un canto a la vida y a la muerte

Soy el guardián de su memoria

Antes que siempre

En medio de la noche silenciosa,
medito en los misterios de la vida,
con la pena doliente y angustiosa
de verla ausente en el sopor perdida.

Siempre amorosa, tierna y generosa,
como buscando mi alma adolorida,
me llama con su mano temblorosa
para enjugar la sangre de mi herida.

Mientras presiento, asido de su mano,
el viaje sin la dicha del regreso,
como un rescoldo del amor temprano,

ilumina, romántico y travieso,
mis ensueños insípidos de anciano,
el recuerdo sutil del primer beso.

Al lado de ese lecho de enfermo, se fusionaron mi pasado y mi futuro, en un solo presente angustiosamente doloroso.

En tu álbum

Estos humildes cánticos de amor
suavemente susurran a tu oído
el mensaje radiante y florecido
de un mirífico ensueño arrobador.

Ellos son un milagroso surtidor...
Reflejos de la estrella de la vida
que, en gracia del amor, quedó encendida
con derroche de luz y de fulgor.

Han de decir también con su ternura,
que tanta fe tu corazón me inspira
y tanto amor tu angelical blancura,

que el verso más hermoso de mi lira
es el de tu alma, fuente de ventura.
¡Me lo dicen tus ojos, María Elvira!

1962

Tentación

Con el fuego vivaz de tu mirada
y el timbre cristalino de tu voz,
queda el alma del hombre subyugada,
y siente impulsos de adorar a Dios.

Tu faz por la virtud iluminada
encierra las tristezas de un adiós,
pero tú, como alegre llamarada
de un soñado ideal, vagas en pos.

Besarte con amor y con ternura
en tus tiernos y ardientes labios rojos
es fatal tentación que me tortura.

Pero, aunque nunca logre mis antojos,
te confieso al oído con ternura
que mucho te he besado con los ojos.

1961

A Emircito, un perro afortunado

La albura de tu piel y tus ladridos
me están dejando enfermo el corazón,
y, a pesar de mis nervios destruidos
de año nuevo, te ofrezco esta canción.

Tú, que estás en los brazos florecidos
de aquella que te trajo en un avión,
¡ten piedad de mis rústicos vestidos,
y bríndame aunque sea tu compasión!

Aunque gruñas y ladres, Emircito,
un secreto te cuento muy pasito,
y espero no te vayas a ofender.

Como mi alma en decirlo así se empeña,
a cambio de los ojos de tu dueña,
gustoso me dejara yo morder.

1961

Celestial

En el templo de Bojacá

En la humildad del templo campesino,
me está llegando al corazón el cielo,
que, teniendo a mi lado tu consuelo,
se torna todo diáfano y divino.

En tus ojos el cielo yo adivino,
y, ante ti, como alegre rapazuelo,
siento en el alma palpitante anhelo,
rumor de cantos, misterioso trino.

Y se pregunta mi inquietud cobarde
si tus ojos de luz alguna tarde
dejarán de alumbrar mi corazón,

o si en la fresca gruta de tu boca
me entregará por fin la suerte loca
un cielo tachonado de ilusión.

Bojacá, 1960
En el templo, tomé su mano y le di el corazón.

De nuevo en Bojacá

Templo de la humildad que en la llanura
abre su vieja puerta al peregrino
y semeja un remanso de blancura
bajo el azul del cielo campesino.

Y su torre parece que en la altura
fuera el umbral de luz a lo divino,
que enseña que el amor y la ternura
son las manos de Dios en el camino.

E, igual que ayer, ante el altar sin oro,
al verte orar con místico decoro,
tu piedad me subyuga el corazón

y una bandada de claveles rojos,
desde mi amor se lanza hasta tus ojos
para adornar con besos tu oración.

Bojacá, 1962

Adiós... hasta pronto

Cómo me duele el despertar de ausencia
que colmará tu corazón de olvido;
cómo siento crecer en mi existencia
el temor de perder lo que he querido.

Como niebla de blanca transparencia
subirá el corazón en su latido,
hasta el altar que guarda la querencia
del mirífico arrullo de tu nido.

Tus ojos llevaré con mi tristeza,
pues tus pupilas, donde el cielo empieza,
son los luceros del amanecer.

Recordaré, entre llanto y lejanía,
que, en un diciembre azul, tu poesía,
como un milagro, floreció en mi ser.

1961, la víspera de viajar al exterior

Para ti, 35 años después

Hoy coloco esta ofrenda que forjó mi ternura,
cual florida guirnalda con olor a ambrosía,
en tu límpida frente de insólita blancura,
que evoca la cadencia de altiva poesía.

Tú sanaste mi alma con amor y dulzura,
derrotaste las sombras con las luces del día,
y alegraste mis horas de dolor y amargura
con la sola conciencia de saber que eres mía.

Tus consejos me guíen, amorosos y sabios;
que el fanal de tus ojos ilumine mis pasos
y perdones, piadosa, mis antiguos agravios.

Al llegar a mi vida los menguados ocasos,
solo anhelo el consuelo conyugal de tus labios,
y morir como un niño que se duerme en tus brazos.

La abuela

La estructura de tu alma se estremece,
coronada de rosas y luceros,
como si Dios en tu mirar quisiese
hacerse niño. Llantos bullangueros

colman tu corazón cuando florece
con infantiles juegos lisonjeros
disfrazados de amor, con que adormece
la nieta sus dolores pasajeros.

Como un canto de amor y poesía,
tus palabras devotas y sencillas
son oración cuando, al caer el día,

se desgranan sus castas vocecillas,
al galopar radiantes de alegría
en el tierno alazán de tus rodillas.

Meditación

En medio de la noche silenciosa,
me sumerjo en las brumas del pasado,
cuando iluso, feliz y enamorado,
le ofrendaba el perfume de una rosa.

Cuando el alma cantaba melodiosa
por el dulce placer de haber hallado,
en mi errante camino descuidado,
a esta tierna mujer siempre amorosa.

Al contemplar su rostro dolorido,
me siento triste, pero no vencido,
ni maldigo el destino ni la suerte,

y me inclino ante Dios, agradecido,
pues su augusta bondad me ha permitido
llevarla de la mano hasta la muerte.

2 de julio del 2016

El naufragio

Llegó el momento de abordar la nave
con rumbo al puerto del eterno olvido,
donde el recuerdo de lo que he vivido
se diluye en espuma tersa y suave.

Cuando la garra de dolor se clave
sin piedad en mi pecho dolorido,
de pie estaré doliente y abatido
hasta que el drama del naufragio acabe.

Cuando colapse el barco del ensueño,
que con su amor cuidé con terco empeño,
en las olas del mar, rudas e inciertas,

al besarla en señal de despedida,
entenderé el misterio de la vida
en el fulgor de sus pupilas muertas.

A tu lado

En un sueño profundo, tus ojos se cerraron. Yo te besé ya muerta, ¿recuerdas, amor mío? El frío de tus labios me partió el corazón.
Tus manos generosas, asidas de las mías, dejaron lentamente de infundir el cálido mensaje que manaba de tu alma.
¿Recuerdas, amor mío, que también las besé?
Comprendí en ese instante lo mucho que te amaba. Con un triste susurro, como dándote un beso, te lo dije al oído. ¿Recuerdas, amor mío, cuando te dije adiós?
¿Recuerdas, amor mío, que te abracé ya muerta? Tu corazón inerte se fundió con el mío doliente, y en silencio entonaron el himno del recuerdo, de la dulce añoranza de aquel remoto día en que te di una rosa para robarte un beso con juvenil amor.
¿Recuerdas, amor mío, que cuando tú partiste hacia un cielo remoto, al que quizás no lleguen los ecos de mi voz, te prometí en silencio amarte eternamente y seguir tras tus huellas más allá de la muerte, como buscando a Dios?
¿Recuerdas, amor mío, que se detuvo el tiempo? Toda nuestra existencia se redujo a un instante. A ese instante preciso en el que tu corazón latiente dejó de palpitar. El tiempo se detuvo. Mi tiempo sigue atado a los días y a los años, en cambio, el tuyo trascendió al infinito: es ya la eternidad.

6 de agosto del 2018

Sueños

Un día yo te dije: «El canto de las aves me recuerda tu voz». ¡Cuán equivocado estaba en ese entonces! Los ecos de tu voz después de tu partida son los que evocan en mis sueños el canto de las aves en cada amanecer. Desde aquella mañana, ya las aves no cantan en mi vida, pero sigo escuchando sus trinos y armonías al evocar en sueños los ecos de tu voz.

La luz de la alborada translúcida y serena me recuerda tus ojos y tu mirada buena. A pesar de la ausencia, siempre serán tus ojos, porque cada mañana, su recuerdo es la rutilante espada que rasga las sombras de la noche y anuncia la llegada del alba.

La blancura impoluta de las nubes me recuerda tus manos. Tus manos que me guiaron por sendas y senderos. Siempre el cálido recuerdo de tus manos blancas dejará en mi alma la fragancia cordial de un jardín escondido de blancas azucenas.

La luz del sol radiante me recuerda tu cabellera. Por sus ondas navega mi añoranza, como un barco sin rumbo, con un capitán viejo, casi ciego, a quien ya nadie espera.

El rumor de los árboles con la brisa me recuerda tu nombre. Tu nombre que para mí es poema y melodía, a pesar de la ausencia. Tu nombre que compendia todas las cosas bellas de la vida: el amor y la ternura, el calor conyugal, la llegada del alba, el canto de las aves, la luz del sol radiante, la impoluta blancura de las nubes, tu cabecita cana en la agonía, y la tristeza y la melancolía.

En todos mis caminos, tu nombre está presente. En medio de las noches silenciosas, me acompaña tu nombre y me besa en los labios.

Tu nombre, que está escrito en todos mis poemas, pues por ti se escribieron. Tu nombre, que está impreso en la mitad de mi alma y llevaré a la tumba para velar mi sueño.

Un sueño de amor

Soñando con Moni

En medio de la noche silenciosa, siento un rumor que a mi ventana llega.
Es un rumor de arpegios y de acordes, de luces y de ensueños.

Abro quedo, muy quedo, la ventana, y la noche penetra hasta mi alma,
portando, con sus alas estelares, la magia del recuerdo.

De apartada región llega la ausente, coronada de estrellas y luceros,
mostrándome el sendero de la muerte, más amplio que el sendero
del olvido.

Es verdad que sus labios están yertos, que honda tristeza su
mirada encierra,
y es que no tiene el beso de los muertos el calor de los besos de la tierra.

Los recuerdos me besan con terneza y los besos del alba me despiertan.

Cantata en prosa
con recitativos patrióticos

Antes de partir, devolver a la vida y a la sociedad lo que te han dado

Narración introductoria

(Monólogo insulso)

Desde el día en que comencé a sentirme obsoleto para el ejercicio formal de mi profesión de ingeniero en un escenario de vertiginosa innovación, fruto de la imparable avalancha de información digital transformada en conocimiento, que yo, en diversos escenarios ayudé a gestar, me atormentó la angustia de imaginar mis restantes horas de vida sin propósito ni sentido.

Claro está que estaba seguro de que el amor de mi familia, el afecto sincero de mis amigos, el abrazo permanente de mis fieles compañeros, los libros y la embriaguez existencial de la música, coparían con placidez mis postreras horas de viejo decadente.

Sin embargo, me obsesionaba la idea de tener que recorrer el camino hacia la muerte como un anciano avaro y egoísta, recibiendo mucho de todos, pero incapaz de brindar un miligramo de amor y de misericordia a una sociedad atormentada por la miseria y la injusticia.

Como burócrata internacional, recorrí toda la América Latina, siempre agobiado por el contraste entre el fausto, el derroche y el boato en barrios privilegiados y haciendas coloniales, y la miseria en aldeas, villorrios y barrios marginales, incubadoras de vicio, odio y violencia.

Como funcionario público en Colombia, puede también sufrir por la manera inhumana y despectiva como gran parte de la clase política trataba y se refería a esa inmensa masa de pobres irrelevantes, como diría Adela Cortina, con extrema aporofobia pero, eso sí, con melindres y promesas cuando de buscar votos para mantenerse en la burocracia se trataba.

Para hilvanar esta divagación postrimera, debo mencionar que tuve la fortuna de participar en los albores y las bases germinales de la Cuarta Revolución Industrial, bautizada así en 2016 por Klaus Schwab, la cual, para no entrar en detalles, está originando la metamorfosis del universo de mi infancia en el metaverso de mis bisnietos.

Buscando el patriotismo en la Cuarta Revolución

(Canto a capela)

Hay que exaltar que, gracias a la inteligencia del *Homo sapiens*, las revoluciones industriales se han dado a lo largo de la historia como respuesta a su lucha por mejorar la calidad de la vida. La experiencia cotidiana demuestra que esta innovación creativa está sucediendo con todos los desarrollos de la Cuarta Revolución, pero confirma, al mismo tiempo, que, por el mal uso de su frondoso portafolio de *big data*, cadena de bloques, inteligencia artificial, internet de las cosas y muchas sorpresas tecnológicas más, en un mundo globalizado, con el democrático impulso de una pandemia y el abuso irracional de la naturaleza, está logrando con éxito que el minúsculo planeta Tierra sea una casa común cada vez más inequitativa e inhabitable.

Pensándolo con calma, esta desalentadora realidad del siglo XXI no es novedosa. Desde mediados del siglo XVIII, la mecanización de los procesos, los barcos de vapor o los automóviles de Henry Ford, la electricidad o los inventos de Marconi, representaron un impresionante desarrollo para la sociedad pero, tristemente y al mismo ritmo, se hizo más inequitativa.

Casi al final de mi última misión de trabajo en nuestro vecino Ecuador, tal vez presintiendo mi nuevo estilo de vida, me dolió más en la conciencia esta dolorosa realidad de Latinoamérica, de Ecuador, de mi patria Colombia. Me sentí ofendido por la dialéctica mentirosa de los políticos profesionales, hablando de conceptos gaseosos como la izquierda, la derecha, el centro, lanzando dardos biliosos contra sus contrincantes. Todo esto aderezado con la salsa cautivante y engañosa del amor a la patria.

Pensé en el mal llamado patriotismo y, en un momento de rara lucidez, definí para la posteridad mi concepto de patriotismo. Patriotismo no es cantar el himno nacional, ni asistir a un desfile militar, ni rendir honores a la bandera. Patriotismo es sentir en el corazón los dolores de la patria, y aportar así sea una parte de la vida para mitigarlos.

Cuando ese pensamiento me invadió, me afeitaba la rala barba que sobrevivió a la quimioterapia y, por la torpeza de mis manos artríticas, me corté levemente una mejilla y la sangre fluyó. Fue una premonición existencial: tu futuro de viejo depreciado será aportar con desinterés la experiencia de tu vida al empeño de mitigar la hemorragia que desangra a Colombia.

Para ingresar por el pasillo estrecho del verdadero patriotismo, se hace necesario encarar con verdadero realismo dos realidades insoslayables.

La serpiente de dos cabezas

(Lamentaciones al estilo de Jeremías)

Por una parte, en el siglo XXI, los habitantes del planeta Tierra encaramos un verdadero reto existencial para adecuar la vida cotidiana, es decir, nuestra manera de actuar, de interactuar, de pensar, de trabajar y de divertirnos, al nuevo escenario planteado por la abrumadora irrupción de las tecnologías de la información y de la comunicación, las TIC. La robótica, el transporte inteligente (TI), el internet de las cosas, la domótica, los escenarios de realidad virtual, los desarrollos de la ingeniería genética, redes neurales, entre otras, son la fuerza motriz de la Cuarta Revolución Industrial que obligará a innovar o modificar la visión de la planificación y gobernanza de los Estados, particularmente, en cuanto a los conceptos sobre desarrollo socioeconómico, productividad y bienestar de las comunidades.

De otra parte, el reporte del PNUD (Programa de las Naciones Unidas para el Desarrollo), *Atrapados: alta desigualdad y bajo crecimiento en América Latina y el Caribe,*[1] en su primer párrafo se resume la triste realidad:

> América Latina y el Caribe (ALC) es una región de enormes contrastes, donde la riqueza y la prosperidad coexisten con bolsillos de extrema pobreza, atraso y vulnerabilidad. Mientras que 105 multimillonarios de ALC tienen un patrimonio neto combinado de 446 900 millones de dólares, dos de cada diez personas en ALC aún tienen carencias alimentarias. Mientras que algunos heredan propiedades y contactos y asisten a prestigiosas

1 Programa de las Naciones Unidas para el Desarrollo, PNUD (2021). *Atrapados: alta desigualdad y bajo crecimiento en América Latina y el Caribe*. Disponible en línea: https://hdr.undp.org/system/files/documents//rhdrrblac2021espdf.pdf.

universidades, otros deben luchar en los mercados laborales con una educación precaria. Mientras que algunos son propietarios de miles de hectáreas de tierra, millones no tienen tierra ni techo. La lista de contrastes en la región es larga y bien conocida. Los países de ALC han sacado a millones de personas de la pobreza en las últimas décadas, pero los avances en la lucha contra la desigualdad han sido menos exitosos. Las modestas reducciones de la desigualdad han sido insuficientes para afrontar la magnitud del reto al que se enfrenta la región, y ese progreso se ha estancado en los últimos años. De hecho, la región sigue siendo una de las más desiguales del mundo. Las circunstancias al nacer siguen siendo casi una sentencia para los más desfavorecidos y la sensación de profunda desigualdad en sus diferentes formas es generalizada. El descontento de la población con esta realidad estalló a finales del 2019 y principios del 2020 y el malestar social se extendió por toda la región. Además, estas desigualdades se exacerbaron a lo largo del 2020 y 2021, porque las múltiples crisis de la pandemia del COVID-19 golpearon desproporcionadamente a los que ya se habían quedado atrás.

Fue para mí muy ilustrativo estudiar con detalle este reporte del PNUD. Cada uno de sus capítulos muestra una abrumadora realidad, soportada por cifras documentadas. Sin embargo, basta leer de nuevo el párrafo anterior para estar seguros de qué es de lo que estamos hablando y del horizonte que se abre hacia el futuro, si de manera conjunta, gobernantes y gobernados, sin adoptar la postura del avestruz, no aportamos soluciones que no sean populistas, ni excluyentes, ni propiedad de alguna tendencia ideológica, sino que ataquen con firmeza y sacrificio las falencias de la sociedad.

Sin apelar a eufemismos, ni pretender ocultar la realidad con teorías conspirativas, hay que ser conscientes del escenario en el que subyace la realidad de nuestro país: Colombia es el segundo país con el mayor nivel de desigualdad de Latinoamérica, medido a partir del coeficiente de Gini (0,513), superado solamente por Brasil (0,533) y por Haití (0,608), y registra una brecha de desigualdad de casi 12 puntos con Uruguay (0,419), el país con menor desigualdad de la región.

Reconociendo que son múltiples los factores que generan la pobreza y la desigualdad, el informe del PNUD concentra su análisis en tres que son considerados críticos y que, en nuestra sociedad, resultan evidentes: la concentración de poder, la violencia en todas sus formas (política, criminal y social), y los elementos de diseño de los sistemas de protección social y de los marcos regulatorios de los mercados laborales, que introducen distorsiones en la economía.

Recitativo de la historia del poder en el Nuevo Mundo

(Réquiem en modo de soliloquio)

La concentración del poder en todas sus formas (política, económica y social), es causa y a la vez efecto de la pobreza y de la desigualdad, como puede detectarse holísticamente como un virus letal en toda la nación colombiana.

La concentración del poder está presente en todas sus manifestaciones, desde los albores de la República, como atávica herencia de la colonia española, caracterizada por la discriminación cultural y racial, caprichosa e inhumana por parte de la Corona española, generadora de élites económicas sustentadas por la distribución de la tierra, de la minería y de posiciones claves de gobierno y control.

Colonos amigos del Virreinato, que llegaron a América sin un duro en sus faltriqueras y, en muchos casos, huyendo de la justicia española, se vieron convertidos de un momento para otro en grandes terratenientes, con inmensos latifundios y centenares de indígenas trabajando para ellos en los términos más extremos de la esclavitud, y transformados sin mérito alguno en ilustres personajes en el mundo social y político.

Evidentemente, el suertudo colono, convertido en hacendado de la noche a la mañana, con el fruto del sudor y las lágrimas de una recua de indígenas, a la vuelta de unos meses, de ser, en muchísimos casos, un aventurero prófugo de la justicia, podía despertarse convertido en un próspero hacendado. Viaja a capital, con obsequios para la esposa del virrey y de unos cuantos oidores, lo que le resulta en una invitación al cumpleaños de la hija del virrey, evento donde se codea con las cumbres del poder, a las que han llegado otros aventureros como él, por los mismos caminos.

Contando ya con esta no despreciable cuota de poder económico y social, convertirse en poseedor del poder total resultaba ya un manejo de astucia y estrategia. Viajar a Europa, comprar un título nobiliario, por ejemplo, marqués de las Jarretas Doradas, y, al regreso, colgar el escudo en el gran salón de su casona en la calle real, sellaba con broche de oro el proceso de su metamorfosis.

Fue, entonces, el mismo Estado representado, entonces, por la Corona española, el que instauró, oficialmente, la concentración del poder y que, además, lo heredó a la recién nacida República. Surge entonces de manera natural la desigualdad económica y la estratificación artificial de la sociedad que se ha perpetuado y consolidado con el paso del tiempo, en contradicción flagrante con la Constitución política, que, en su artículo 13, proclama: «Todas las personas nacen libres e iguales ante la ley, recibirán la misma protección y trato de las autoridades y gozarán de los mismos derechos, libertades y oportunidades sin ninguna discriminación por razones de sexo, raza, origen nacional o familiar, lengua, religión, opinión política o filosófica. El Estado promoverá las condiciones para que la igualdad sea real y efectiva y adoptará medidas en favor de grupos discriminados o marginados. El Estado protegerá, en especial, a aquellas personas que, por su condición económica, física o mental, se encuentren en circunstancia de debilidad manifiesta y sancionará los abusos o maltratos que contra ellas se cometan».

Muy lejos de esa utópica igualdad, justa y necesaria desde el punto de vista ético y moral, cada persona nace en un ambiente de inequidad, marcada estrechamente con su estrato, casi que marcado en su ADN, para disfrutarlo o sufrirlo por toda su vida.

No es esta una apreciación personal, exagerada y fatalista de un viejo cascarrabias. El informe del PNUD lo reconoce explícitamente: «Un rasgo trágico de la desigualdad en la región es el grado en que se transmite entre generaciones, con los hijos heredando las ventajas y desventajas de sus progenitores y su lugar en la sociedad». De otra parte, resulta muy difícil detectar cómo el Estado, a través de los diferentes gobiernos, ha cumplido con las obligaciones que le impone el mandato constitucional.

El reporte del PNUD se refiere de esta manera: «Uno de los desafíos más perniciosos de la alta desigualdad es la forma en que concentra el poder. La concentración de poder en manos de unos pocos que defienden el interés privado en lugar del bien común es uno de los factores que conectan la alta desigualdad y el bajo crecimiento, ya que a menudo resulta en políticas distorsionadas, miopes e ineficientes, y en instituciones débiles».

Recitativo subsiguiente

(Segunda parte del monólogo insulso)

Ya de regreso en Colombia, mentalmente preparado para la despedida de la ingeniería, después de medio siglo de concubinato, en el caótico desorden de mi estudio, me dediqué a meditar. Una verdadera meditación tranquila y profunda porque me sobraba el tiempo.

Es necesario reconocer que en el ámbito colombiano todos los gobiernos durante los pasados cincuenta años han hecho esfuerzos para mitigar la pobreza y la inequidad. De igual manera, se han diseñado varios proyectos para acortar la brecha digital. Desafortunadamente, desde un ángulo objetivo, los logros han sido bastante efímeros.

La más posible explicación: a la concentración de poder, a la violencia en todas sus formas y a las deficientes políticas laborales y sociales, se adicionan un extremado centralismo, un conocimiento muy superficial de las realidades sociales, étnicas, económicas y ambientales de las diferentes regiones, y la corrupción en todos los niveles del Estado.

En cuanto a la utilización de las tecnologías de la información y la comunicación como herramientas para integrar al país y fomentar su desarrollo social y económico, no existe un plan integral debidamente articulado entre las diferentes soluciones. Los dispositivos móviles, con la participación de varios operadores privados, han logrado una penetración de 1,2. Indicador de que, como todos los indicadores, tiene que ser visto con cautela, porque nadie va siquiera a pensar que cada colombiano mayor de diez años tiene un celular.

No existe una política coherente para que el Internet de banda ancha lleve a cada colombiano, así se encuentre en el corregimiento más remoto, aplicaciones que fomenten su desarrollo personal y como miembro activo de la comunidad.

Con bombos y platillos, el gobierno lanzó el proyecto que bautizó Centros Poblados, para llevar Internet a escuelas, el cual fracasó por fortuna. Los municipios donde se ubican las escuelas tienen también necesidades en áreas de salud, producción, cultura, gobierno, etc., que, por obvias razones técnicas y económicas, deben manejarse de manera integral. Con el enfoque de Centros Poblados, si se requiere trasporte terrestre entre dos localidades, habría una carretera para automóviles, una carretera para motos, una carretera para camiones, etc. Muchos conocimientos tecnológicos, pero muy poca ingeniería.

Cualesquiera que sean las estrategias del gobierno de turno, es incuestionable que con adecuadas políticas de Estado, blindadas de las políticas electoreras y de la corrupción, la Cuarta Revolución representa la posibilidad de un desarrollo económico fundamentado en la productividad cooperativa, la equidad, la inclusión y, en términos generales, del bienestar de las personas independientemente de su ubicación geográfica, su género o su raza. Aquí resulta claro que cualquier país solo puede prosperar, en el más amplio sentido, en la medida en que prosperen las regiones, las ciudades y las poblaciones que lo integran.

Con una increíble ingenuidad, para un viejo de mis años, recopilé estos pensamientos dispersos, los ordené en un formato elegante y los remití a los aspirantes a sentarse en el apolillado solio de Bolívar para ejercer la presidencia, con la idea de que, en la concepción de su proyecto de país, podrían serle de alguna utilidad. Ni un acuse de recibo... A pesar de que mi escrito no mereció ni un lector, como maquillaje de mis recordaciones, inserto a continuación algunas ideas.

Popurrí de ideas

(Música para instrumento de cuerdas flojas)

No cabe duda de que las TIC son una valiosa herramienta pero, de por sí, no definen al modelo de aldea inteligente. Son una poderosa herramienta siempre y cuando se utilicen para contemplar ámbitos tan fundamentales como la movilidad y el transporte, la eficiencia energética, la planificación urbanística, la gestión de residuos, la contaminación ambiental y, como denominador común, el bienestar social soportado por planes de educación coherentes con la actividad de la aldea, programas de salud y esparcimiento para toda la población, dentro de un marco de economía cooperativa, inclusiva y sostenible, que permita la generación de riqueza de manera equitativa, buscando, en lo posible, desarrollar el potencial agroindustrial del país.

Con este criterio, diferentes organismos como el PNUD, la OCDE (Organización para la Cooperación y el Desarrollo Económicos), el Foro Económico Mundial, coincidieron en concretar el proyecto de ciudades inteligentes, con foco en ciudades medianas, grandes y mega ciudades. Desde nuestro punto de vista, este enfoque tiende a aumentar la inequidad regional, tan preocupante como el caso de La Guajira, el Chocó, entre otros, y, por esto, proponemos el concepto de «aldea inteligente, digital y sostenible», como una extensión a todos los municipios del país, sin modelos rígidos y predeterminados, es decir, respetando las características propias de cada uno de ellos.

Es necesario definir que «aldea» es un sistema compuesto por conjuntos de núcleos urbanos y rurales, que deben ser tratados de manera integral y sistémica, encarando, desde un principio, la realidad de que, con el modelo de desarrollo tradicional en los municipios, es decir, en poblaciones medianas y pequeñas, las zonas rurales son casi, sin excepción, veredas aisladas, con precarios transportes, alto grado de incomunicación y altos índices de pobreza, con más de una necesidad básica insatisfecha. Males estructurales que también golpean, y, tal vez, con mayor rigor, a suburbios y asentamientos urbanos marginados, generados en muchísimos casos por la migración del campo como consecuencia de la violencia y de la carencia extrema de oportunidades.

Además, no es necesario apelar a ejemplos para reconocer que la inequidad entre las regiones del país es un trauma socioeconómico que debe ser considerado sin eufemismos y sin discursos populistas, para poder encarar un proyecto como el de ciudades y aldeas inteligentes, desarrollado mediante pilotos en todo el territorio, sin limitar su alcance a las grandes ciudades.

En el corazón de este sistema, se erigen las personas, los seres humanos, los dueños de las aldeas y los campos, en cuyo beneficio debe estructurarse el proyecto de «aldea inteligente», en un ambiente de igualdad y equidad, en la actualidad inexistente. Concretamente, los habitantes de las áreas rurales deben disfrutar de las mismas facilidades, servicios y derechos que los habitantes del centro urbano. En términos generales, las tecnologías de la información y la comunicación, las TIC, se convierten en una herramienta fundamental para cristalizar este proyecto social y económico en el más amplio sentido de la palabra.

Hay que tener en cuenta que el hecho de llevar Internet de banda ancha a un municipio no implica, de por sí, cerrar la brecha digital. Es solo un hito fundamental en ese largo camino. Como simple comparación, llevar una autopista a un remoto municipio no tiene mayor importancia si por carencia de actividades sociales y económicas en ese municipio nadie transita por ella. Solo con el gobierno en línea, las aplicaciones de educación y salud, el comercio, etc., se puede decir que se cerró la brecha digital.

Se insiste en que la tecnología de por sí no es la solución a los problemas urbanos y rurales de los municipios. Para abordar los problemas y retos de las ciudades y aldeas de forma holística, es, asimismo, necesario transformar la planificación, la gestión, la regulación y mejorar la percepción y comportamiento del ciudadano, quien habrá de ser protagonista de todas las iniciativas.

El concepto actual de ciudad inteligente no es universal en cuanto el enfoque y alcance. Sin embargo, un denominador común es utilizar las TIC como plataforma para el diseño de aplicaciones y soluciones. Asimismo, hay bastante coincidencia en cuanto a la preponderancia de los siguientes elementos, los cuales, en principio, coinciden con los planteados por Foro Económico Mundial y por el Parlamento Europeo. La inteligencia del todo debe estar sustentada por la inteligencia de las partes.

- Economía inteligente. Espíritu regional innovador. Emprendimiento cooperativo. Productividad. Flexibilidad del mercado de trabajo. Inclusión social. Inserción internacional para flujo de información y de productos. Generación de riqueza.
- Personas inteligentes. Adecuados niveles de educación y de cualificación. Aprendizaje continuado, mente abierta. Espíritu de tolerancia y colaboración. Pluralidad étnica. Tolerancia.
- Medio ambiente inteligente. Condiciones medioambientales. Calidad del aire (no contaminación). Conciencia ecológica. Protección de las fuentes hídricas. Gestión sostenible de recursos. Adecuado manejo de basuras, con un especial tratamiento de los residuos sólidos urbanos.
- Movilidad inteligente. Despliegue de infraestructura de Transporte Inteligente (TI), Seguridad en las vías. Seguridad de los medios de transporte. Gestión del tráfico. Sistemas de emergencia y apoyo al ciudadano. Disponibilidad con enfoque a las zonas rurales remotas, como soporte necesario a las actividades agrícolas rentables.
- Gobierno inteligente. Gobierno en línea. Programas de gobierno coyunturales alineados con el proyecto aldea / ciudad inteligente. Blindaje de influencias partidistas y de la corrupción. Gestión. Coordinación y control de los servicios públicos y de los servicios sociales. Transparencia.

- Calidad de vida inteligente. Calidad de la vivienda. Acceso a las TIC. Servicios públicos efectivos. Condiciones de salud e higiene. Facilidades educativas. Facilidades culturales. Seguridad personal. Atractivo turístico. Bienestar económico y social.

Oscuridad en silencio

Cantata fúnebre

Procedí a archivar mis pensamientos con la seguridad de que son un material inservible. Las opiniones de un viejo retirado valen muy poco para los gobiernos coyunturales dirigidos por políticos convencionales, acostumbrados solo al poder y a la ineficacia.

Frustrado, como patriota sincero a quien le acaban de dar un portazo en la nariz, estuve a punto de claudicar, eso sí, en absoluto silencio, sin caer en la perniciosa manía de dedicarme todas las mañanas a las lamentaciones y a las críticas, y, después del almuerzo, a presagiar negros nubarrones en el futuro y a diseminar noticias alarmistas.

La luz en las tinieblas

Siempre hay una tabla de salvación. Saboreando un delicioso aguardiente antioqueño, surgió la iluminación. Gracias a la amistad con un joven ingeniero, nacido en un municipio cercano al puente sobre el río Teatinos, donde se libró la famosa batalla de Boyacá, me vinculé desde hace tiempo a los sectores más pobres de la localidad Ciudad Bolívar, en Bogotá.

En muchas oportunidades y en diversas formas, he colaborado en actividades orientadas a mitigar puntualmente la precariedad de su existencia y he brindado instantes de alegría, en particular a niños y ancianos. He regalado miligramos de ayuda pasajera, pero nunca he dado un aporte verdadero al desarrollo humano.

Recordé, entonces, unos párrafos en borrador que escribí durante una reunión de amigos, ante la perspectiva de un gobierno populista que pudiese preconizar la peregrina idea de acabar la pobreza mediante el descuartizamiento de la empresa privada. Los tres párrafos que logré rescatar fueron la iluminación para el futuro que aún me resta.

Coro de la iluminación

Principios básicos: La empresa privada es el motor del desarrollo. Equilibrio entre el desarrollo social y la generación de riqueza (en ese orden prioritario). Más emprendedores, menos empleados. Creación de empresas sociales cooperativas en todas las regiones del país será un medio eficaz para impulsar el desarrollo manufacturero, artesanal, cibernético, agropecuario, piscícola, turístico, etc., según las características propias.

Se buscará seriamente la creación de entidades financieras de tipo social, Banco de Pobres para Pobres, similares al Banco Grameen, creado por el Nobel de Paz, Muhammad Yunus, y que opera exitosamente, financiando al sector de la población que no califica para el sector financiero tradicional. Sin pagarés, sin intereses, sin embargos.

La nave del Estado, como lo ornamentaban los líricos del centenario, es gobernada por políticos engolosinados con el poder, a los que les importa un bledo lo que piense un ingeniero retirado. En el mundo financiero y bancario, las ideas de un ingeniero retirado valen menos que un punto decimal en un balance billonario.

Cantabile finale: Un himno al futuro

(Coro de las pulguitas) Descarado plagio exultante del *Himno de la Alegría* de Beethoven

Conclusión radical. Es imposible aconsejar, ayudar o aportar, cuando eres una minúscula pulga en un jardín zoológico gigantesco. Pero, por fortuna, esa microscópica pulga puede, con verdadero patriotismo, plagiar con respeto las ideas brillantes del profesor Yunus, sembrando en una comunidad con muchas esperanzas, pero poquísimas realidades, la primera semilla del Banco de Pobres para Pobres, felizmente, sin la ayuda del Estado, y sin necesidad de mendigar un crédito en el sector bancario.

Con la ayuda de otras pequeñas pulguitas, ya el embrión está en gestación, financiando a un pequeño grupo de madres, cabezas de familia, en una comunidad de ciudad Bolívar para un primer nicho de emprendimiento. Además, al escribir estas líneas, se está gestando una organización estable y sostenible para brindar asesoría y financiamiento a emprendedores visionarios mediante el esfuerzo solidario de amigos y colegas que confían en la humanidad. Que el profesor Yunes nos ilumine.

Como ingeniero dado de baja en el inventario, además de amar y ser amado, ya tengo un motivo para soñar, al calor de mi aguardiente antioqueño, en un futuro más digno, próspero y equitativo para la patria que amo, con verdadero patriotismo desde lo más profundo del corazón.

Añoranzas y ensueños del abuelo

Como el agua que sale de un cántaro roto, se escapa la vida

Evocación a la memoria de mi madre

Con abrazos y besos delirantes,
con derroches de luz y de alegría,
se aclama el alborear del nuevo día
que los hombres esperan anhelantes.
En medio de los gritos disonantes,
un recuerdo sutil toca a mi puerta
y, en la penumbra de la noche incierta,
llega el silencio a acariciar mi pena,,
y cual reflejo de la luna llena
asoma el rostro de la madre muerta.

Año nuevo del 2000

El pensamiento

¿Dónde está el pensamiento? ¿Dónde están las palabras que alegres
jugueteaban configurando un verso, en el profundo arcano de mi
propio universo?
¿En dónde está la fuente que fluía suavemente,
convirtiendo en palabras mis hondos sentimientos?
¿Será que se ha agotado con el paso del tiempo?

¿Será que, con los años, la ilusión desfallece y se arruga el ensueño?
Cuando envejece el cuerpo, ¿qué pasa con el alma?
¿Será que las palabras y el alma desfallecen agobiadas de olvido?
¿Será que en el ocaso ya todo está perdido?
¿Será que solo queda morir con la añoranza?

Son solo interrogantes que contestar no puedo,
pues las palabras huyen, cual ráfagas de viento.
¿Dónde están las palabras? ¿Dónde está el pensamiento?

Boceto

Reverdecen los sueños del anciano
cuando los nietos rondan a su lado,
y amorosos lo llevan de la mano
soportando su cuerpo fatigado.

La incertidumbre del destino arcano
turba su corazón emocionado
por la ternura del amor humano.
Si en sus ojos vislumbra que han llorado,

presintiendo sus íntimos secretos,
les ofrece su amor como consuelo,
e imagina fantásticos bocetos

del incierto futuro, en su desvelo,
porque son los anhelos de los nietos,
los postreros ensueños del abuelo.

Ahora que estoy viejo

Variante mejorada de un viejo escrito anónimo

Ahora que estoy viejo y ya no soy el mismo, ¡ten paciencia y compréndeme! Mis ojos ya ven menos y confunden la luz con las sombras. Mis oídos cansados distorsionan tus frases. Ya mis pies fatigados tropiezan al andar. ¡Ten paciencia y compréndeme!
Cuando al cenar contigo derrame la comida en la camisa, o en la corbata fina que tú me regalaste, entiende que es torpeza de mis manos minadas por los años y por la cruel artrosis, herencia impertinente de mis viejos ancestros. Ten paciencia y compréndeme. Y recuerda las horas que junto con tu madre pasamos enseñándote a comer con finura.
Cuando, al charlar contigo, repita tontamente la misma vieja historia que tú ya bien conoces, por favor, no interrumpas. Son fugas inocentes de mi vieja memoria gastada por el tiempo, que a veces es tan frágil que hasta mi nombre olvida o la fecha importante del cumpleaños de un nieto.
¡Ten paciencia y compréndeme!
Cuando, al estar charlando, llegue a olvidar el tema de nuestra amena charla, regálame tu tiempo con paciencia hasta que yo recuerde, y quédate en silencio para no lastimarme.
Cuando me veas inútil, operando aparatos de alta tecnología, que tus hijos manejan con destreza antes de articular palabras, perdona mi torpeza y con amor enséñame, como yo con ternura te enseñé tantas cosas cuando tú eras pequeño.
Cuando fallen mis piernas cansadas por el largo camino de la vida, dame tu brazo firme para apoyar mis pasos al lado de tu madre, quien también envejece y camina insegura.

De la misma manera que te hemos acompañado a iniciar tu sendero, te ruego humildemente que tú nos acompañes a terminar el nuestro. Danos tu corazón y, con tu brazo joven, apoya nuestra esperanza de continuar con vida, solo para quererte y ver crecer los nietos. Ten paciencia y compréndenos.

Pensamientos compartidos con la Monita, viendo pasar los años

Deliciosa espera

Dormido aún como ilusión florida,
capullo tierno en el azul del cielo.
Arrullo de palomas en mi vida,
desde su corazón hasta mi anhelo.

Lámpara del amor siempre encendida,
palomas que se ensayan en el vuelo,
vocecita de niño, presentida,
surtidor de piedad y de consuelo.

Ya cuando el sol aliente su mirada,
y las aves susurren a su oído,
el radiante clarín de la alborada,

mi corazón, de amor, casi vencido,
quedará en la blancura de su almohada
en incienso y en mirra convertido.

A ti y a los niños

«Dulce Jesús mío, mi niño adorado…».
Dulce desentona el coro infantil,
trayendo en sus notas la voz del pasado
ya casi olvidado, remoto y gentil.

«Ven a nuestras almas. Ven, Dios humanado».
Mil labios te llaman con ansia pueril,
pues vienes con dulces y ensueños cargado,
trayendo en invierno los ecos de abril.

Humilde pesebre abriga tu cuna,
te alaban gozosos el buey y la luna,
hechos con pajitas, papel y cartón.

Que mis hijos guarden la dulce inocencia
de creer que un río es la transparencia
de un papel plateado lleno de algodón.

El cigarrillo

Eres el paje de región arcana
y el lenitivo de cualquier pasión.
Fiel compañero de edad temprana,
al contemplarte vibro de emoción.

Eres grácil, cual nítida campana
que al viento lanza plácida canción,
mas tú asimilas la tristeza humana
que roe lentamente el corazón.

Al consumir tu frágil vestidura,
volviéndose humo de sutil blancura,
que al cielo sube como la oración,

tú te quedas cubierto de ceniza
como el hombre después de que agoniza
o el alma cuando pierde una ilusión.

Bogotá, 1955

A mis nietos en el Día de la Madre

Un permanente homenaje
a la madre hay que rendir,
para poder bendecir
sin límite y sin ambages,
al cabo del largo viaje
por las sendas de la vida,
la presencia bendecida
de esa inefable mujer,
que, pródiga en el querer,
convertida en corazón,
nos legó el inmenso don
de existir y de nacer.

Y es que, al cabo de ese viaje
por las sendas de la vida,
su presencia bendecida
sigue adornando el paisaje,
y con su inmenso bagaje
de equilibrio y armonía,
y amor y sabiduría,
—ya convertida en abuela—
su palabra nos consuela
lo mismo que el primer día.

En el albor de la vida,
orgullosa de su ancestro,
nos enseñó el Padre Nuestro,
con fe sonriente y sentida,
y por el amor vencida

al mecer la humilde cuna,
como en un claro de luna
su imagen se sumergía,
cuando imploraba a María
para su niño, fortuna.

Ya después en el ocaso,
cuando la vida se agota,
en el triunfo y la derrota,
mantiene firme su brazo
y acunando en su regazo
nuestra cabeza ya cana,
con gastada voz de anciana
recita el Ave María,
evocando la armonía
de esa remota mañana.

A la madre en este día
quiero este verso ofrendar.
¡Que lo puedan recitar
los niños con alegría!
Pero también les diría:
Ella es luz y es armonía,
nunca causa desengaño,
mezcla cariño y regaño
con tierna sabiduría...
¡Es muy poco darle un día,
hay que amarla todo el año.

Día de la Madre del 2000

A la memoria de mi madre, a la Monita, madre y abuela inefable; a nuestras hijas convertidas en madres.

Hasta pronto

In memoriam de Álvaro Barrera Torres
Con cariño de hermano

En una tarde de mayo, nos quisiste abandonar,
para dejarnos tu herencia de cariño y dignidad,
sin decirnos hasta luego y ni siquiera brindar.
Te fuiste, querido hermano, en pos de la eternidad,

buscando a los querubines para con ellos cantar.
En el frío de la tumba, no llores la soledad,
que ya está próximo el día de volvernos a encontrar,
olvidándonos del mundo y la ingrata humanidad.

Los recuerdos del pasado de las sombras retornaron
entrelazando añoranzas con la angustia del dolor,
y en esa tarde de mayo las campanas redoblaron

por un amigo sencillo, sin odios y sin rencor,
y las cuerdas de su tiple, silenciosas, entonaron
el triste adiós sin retorno para el viejo trovador.

Añoranza

Eran verdes los campos, floridos los rosales,
por todos los caminos llegaba una ilusión;
trinaban, a la aurora, las mirlas y turpiales,
y ciego e insensato danzaba el corazón.

Era claro el futuro, sin presagios fatales,
abierto el horizonte, radiante mi oración.
Los montes y los ríos, los dorados trigales,
con mi alma enamorada cantaban su canción.

Los golpes del destino mataron la esperanza,
los ojos de la muerte otean en lontananza,
silenciaron los cantos, se marchitó mi voz.

En los campos floridos, germinó la añoranza,
y sola está mi alma, con dulce remembranza,
esperando en silencio encontrarse con Dios.

Después del 2018

Capricho campesino

Quisiera, bajo un cielo campesino,
sentirte junto deliciosamente
y beber ese néctar cristalino
que en mi tierra se llama el aguardiente.

Y, olvidando las leyes del destino,
soñar despierto sin tener presente,
y sentir el placer casi divino
de saber que te quiero eternamente.

Para morir en lo alto de una loma,
bañado en el fulgor de tu mirada,
sin sentir las dolencias de la coma

y que diga en mi tumba descuidada:
no murió ni de infarto ni de goma,
murió de viejo y se llamó Posada.

En el ocaso

En el lánguido ocaso de mi vida,
menguados ya el futuro y la esperanza,
mi vetusto caletre solo alcanza
a entonar la canción de despedida.

Es un canto de amarga remembranza
de la remota juventud ya ida,
cuando tu amor trocándose en romanza
me invitaba a la tierra prometida.

Ya presiento el camino hacia el olvido,
rumbo al eterno mundo de la nada
con la añoranza del Edén perdido.

La muerte, con siniestra carcajada,
clamará con acento dolorido:
¡murió de viejo y se llamó Posada!

20 de julio

Por las calles ondean los pendones
en honor a la noble independencia.
Los nativos perdieron la paciencia
por tener que aguantar los chapetones.

Un mísero florero sin blasones
fue la causa de toda la pendencia:
don Llorente, con falta de decencia,
a los criollos sacó con empujones.

En tanto que perora el presidente
un discurso de tono prepotente,
que aplaude la nutrida burocracia,

vocifera un borracho impertinente:
¡Viva la libertad! ¡Viva la gente!
¡Y que viva el olor a democracia!

El trombo

Un soneto perverso en mi honor

La sentencia científica fue clara:
se taponó una vena en la motola,
la tensión arterial se me dispara,
la vejiga también se descontrola.

La vejez sin piedad ya se declara
como la dueña de mi nueva ola,
devorará mi ser ruda y avara
desde el occipital hasta la cola.

Añorando la muerta primavera
—liberado ya de necias pretensiones—,
sin rastros de mi antigua verraquera,

rememoro mis viejas ilusiones,
al tiempo que una histérica enfermera
me baja sin pudor los pantalones.

El viejo abuelo

Necio ya está el abuelo decadente,
fastidioso, falaz y criticón,
pues jamás desperdicia la ocasión
de ser todo un vejete impertinente.

Además de cansón y de imprudente,
se queja sin dolor y sin razón,
alegando la gran complicación
de estar tuerto de un ojo y sin un diente.

El abuelo se ha vuelto quejumbroso,
cuando el tiempo destruye presuroso
lo que resta de su íntima ilusión.

Pero en el fondo tierno y amoroso,
entrega sin descanso y sin reposo
palpitante de amor su corazón.

Mi pierna

Hoy me dio por indagar en mi confuso genoma,
preguntándome el porqué de la hinchazón de mi pata
—descabellada labor muy tediosa y mentecata—,
pues en mi estudio no hallé ni siquiera un cromosoma,
que explicara la razón de esta cruel dolencia ingrata.

Muy confuso y achantado, acudí con rapidez
a explorar en la sapiencia de un genial veterinario,
quien, después de meditar, dijo en tono lapidario:

«Indagar por la genética es solemne necedad,
mi experiencia nos confirma con total seguridad:
los dolores en las patas son cuestiones de vejez».

Un sainete pandémico

¡Abutardo! ¡Abutardo! ¡Hijo mío!

Exclamó la baronesa, limpiando su nariz
con el dorso de la mano, en medio de
histéricos gimoteos y cortesanos aspavientos.

¡Abutardo! ¡Fruto de mis entrañas!
¿Por qué? Abutardo, ¿por qué?
¿Acaso no eres noble como el rufián de tu padre?
¿Acaso no corre por tus nobilísimas venas la sangre que alimentó la vida de tu perínclito tatarabuelo?

¿Reniegas acaso de tu encumbrada prosapia?
¿Por qué, Abutardo? ¿Por qué lloras como un párvulo recién destetado?
¿Por qué tiemblas como un cobarde? ¿Estás acaso negando tu propia estirpe, como lo hizo el galifardo de tu padre?
¿Descendiente del Cid Campeador por parte de madre, transpiras, acaso amedrentado, como un cobarde plebeyo?
¡No, madre! ¡No!
¡Deja tus nobilísimas pamplinadas!
No niego a nada ni a nadie.
Todo lo que dices me importa un higo.
La sangre, el Cid Campeador, el tatarabuelo, quien a propósito murió desangrado por causa de un puñetazo en su muy noble nariz, por andar enamorando a la moza de un coronel de infantería.
¡Todo eso me importa menos que un higo!

Más bien, madre mía, límpiate la nariz, que estás mocosa, y déjame dormir, pues tengo COVID.

Champaign

Al borde del olvido de un recuerdo cordial

A Champaign

¡Ciudad sin horizontes, ciudad muerta!
Yo en tu honor cantaría con embeleso,
mas por ser para ti, ciudad incierta,
en cambio de cantar más bien bostezo.

Si habitada no fueras por los gringos,
ni al que es borracho lo metieran preso,
y si vendieran trago los domingos,
yo por cantarte me rompiera el seso.

Mas, como todo aquello es imposible,
pues tú, triste ciudad, perdiste el alma,
solo digo con voz desapacible:

¡Población que me causas con tu calma
una dulce pereza indefinible
y una tremenda gonorrea en el alma!

Champaign, 1956
Una tremenda injusticia. Guardo de
Champaign hermosos recuerdos. En sus
calles nací como ingeniero.

Nochebuena

Quién pudiera ser niño en Nochebuena,
para ver florecer las ilusiones,
al hallar en la rústica alacena
un fusil de latón y unos bombones.

Quién pudiera tener la fe primera,
y en un globo cifrar las ilusiones;
soñar con los tamales de la cena,
con los confites y las colaciones.

Noche de Navidad, cofre de anhelos,
tú, sin totes, ni luces, ni buñuelos,
has perdido tu cálida alegría,

mas del silencio en la profunda calma,
el beso maternal llega a mi alma
huyen las sombras y florece el día.

Un tremendo guayabo

Se pierde el equilibrio de mi lecho,
que ha empezado a girar infamemente.
Con eje en el bombillo gira el techo
al impulso fatal del aguardiente.

Una angustia, que flota en el ambiente,
me está dejando el corazón deshecho,
y mi cansado estómago, maltrecho,
los excesos de ayer clama doliente.

Muy contrito maldigo mi pasado,
y de mis labios brota una promesa
—promesa de borracho enguayabado.

Para hacer más dolorosa mi tristeza,
el guayabo burlón que me he buscado,
me baila *rock and roll* en la cabeza.

Champaign, 1958

Pobreza de estudiante

Pesar profundo el que mi pecho abruma:
no tener ni un centavo en los bolsillos,
tener que peluquearme con totuma
y sin jabón lavar los calzoncillos.

¿Que mi pena es trivial? No lo presuma,
¡la de Job no le da ni por los tobillos!
Yo tengo que esperar cuando alguien fume
para fumar fumados cigarrillos.

Ya para mí el dinero es utopía,
la comida un recuerdo del pasado,
y el arriendo fatal majadería,

y los sábados, pobre malhadado,
aunque en programa hindú bebo agua fría,
¡amanezco el domingo enguayabado!

Premonición

No habrá responsos cuando yo me muera,
tampoco harán un himno a mi esqueleto,
ni se verá enlutada la bandera,
ni honrarán mi memoria por decreto.

Me llevarán a la mansión postrera,
por no poder yo andar, no por respeto,
en la tierra hundirán mi calavera
y allí me quedaré quieto... muy quieto.

Mis amigos, quizás sinceramente,
entre copas y cantos bullangueros,
mi memoria honrarán con aguardiente.

Después han de pasar muchos eneros,
yo seguiré dormido eternamente
sumido en una noche sin luceros.

1959

Bienvenida a un amigo

Dejad que alce la copa, colombianos,
y haced silencio porque voy a hablar:
¡cuando hay cerveza y cálidos hermanos,
el alma solo ansía elucubrar!

Los gringos, que en verdad no son enanos,
tanto ruido me van a perdonar,
pero, en franca reunión con mis paisanos,
esta noche me voy a emborrachar.

Cómo no recordar aquel pasado
de poco estudio y mucha bacanal
y decirle al amigo que ha llegado:

Bienvenido a Champaign, doctor Kamal,
permíteme que exclame emocionado:
¡que viva el gran partido liberal!

Champaign, 1957

Champaign, de nuevo

¡Ya no eres el de ayer, Champaign querido!
Lejos quedó la juvenil floresta,
y tú también, cual mi canosa testa,
te encuentras sumergida en el olvido.

Nos queda lo gozado y lo bebido
en el fragor de bulliciosa fiesta,
cuando mi corazón, como una orquesta,
cantaba al porvenir desconocido.

Hoy recorrí tus calles sigiloso,
pensando del ocaso en el abismo
que en la nada me sume presuroso.

Tú pensaste, Champaign, con gran realismo,
al verme envejecido y silencioso:
el Posada que hoy vi ya no es el mismo.

Narraciones cuasirreales

Entre la ficción y la realidad hay un angosto y engañoso pasillo de brumas y de ensueños

Buenos días, mi amor

Soñé anoche contigo en un íntimo jardín de rosas multicolores. Rosas blancas como tus manos, rosas granates como tu corazón. El rocío de la mañana mitigaba mi sed, la calcinante sed de ternura conyugal que ahora me agobia por tu ausencia.

En mi sueño, a pesar de las travesuras del destino, estabas tú conmigo. Como tantas veces en la vida, yo apoyaba en tu mano mi fatiga, al tiempo que, con el fulgor de tu mirada, íntimo y tierno, infundías en mi alma el anhelo de vivir, el ansia de trascender y de creer en un Dios omnipotente.

Como en los cuentos de hadas, apareció en medio de la niebla mañanera un sendero semioculto, bordeado de sauces llorones y de algunas humildes siemprevivas. Por él nos adentramos, movidos los dos por el mismo impulso anhelante de buscar un ensueño secuestrado por la muerte en las brumas del tiempo.

Tú vestías como un ángel una túnica holgada, blanca como la nieve. Mi paso era lento e inseguro y, al andar, mis pies descalzos tropezaban, pero tú, con el tierno palpitar de tu mano, me impedías caer.

De tus labios, como una melodía, fluían palabras de aliento que se entrelazaban con el trino de mil pájaros cantores que, con las rosas, compartían el sosiego y la paz que acariciaban misericordiosamente mi cansado corazón.

Sabíamos que el camino era largo y, en ocasiones, sinuoso, pero nos invadía la dulce esperanza de que, al final, viejos y cansados, llegaríamos a las puertas del castillo de marfil donde todas las cosas materiales e inmateriales se convierten en un coro angelical de besos y sonrisas por la sola virtud del amor. Allí, iríamos a descansar de la larga jornada, reclinados en un tálamo de rosas, fundidos en un ardiente beso conyugal.

Al atardecer, en un recodo del camino, surgió de la nada un anciano macilento y desdentado, con una guadaña en su mano. Atravesándose, insolente, nos cerró el paso. Un aire helado invadió todo el jardín. Se estremecieron los sauces llorones, se deshojaron las rosas, cesó el trino de los pájaros cantores y lloraron también las siemprevivas.

El viejo me miró displicente y, casi atropellándome, se dirigió a ti y con voz cavernosa exclamó: «Soy Azrael, el Ángel de la Muerte. Tu viaje ha terminado y yo vengo por tu alma».

Enardecido, quise luchar para destruir al anciano, para triturarlo con mis manos, para degollarlo con su propia guadaña. Aunque anhelaba ser más poderoso que la Muerte, mis miembros perdieron la fuerza como si fueran de algodón. El dulce sueño se había convertido en una trágica y fatal pesadilla.

El Ángel de la Muerte te tomó por las manos y te cubrió con su manto harapiento, como queriendo apartarte de mi vista, en tanto que me observaba con notorio desprecio. Bañado en llanto, en un llanto convulsivo e histérico, hice un supremo esfuerzo para, por lo menos, maldecir al ángel, ya que mi cuerpo inerte estaba postrado en tierra, en un lodo pegajoso y nauseabundo.

«Maldito emisario de la muerte, no te la lleves. No me dejes solo en este largo camino», logré clamar con un estertóreo rugido, que a mis propios oídos sonó desgarrador.

Azrael asumió entonces un aspecto compasivo y, llevando el índice a su boca sin dientes, me ordenó guardar silencio. Con voz sonora, que retumbó en el silencio del marchito jardín, me dijo pausadamente: «¿Quién eres tú, guiñapo humano, que pretendes, insolente, manejar los destino de la vida y de la muerte? ¿No sabes acaso que Dios es dueño de la vida y de la muerte y que sus designios son inapelables? Él gobierna el curso de los astros, las fuerzas de los átomos y las partículas, el trascurrir del tiempo y el devenir de los seres. Cállate, no seas insolente, y déjame cumplir con mi deber».

Azrael guardó silencio con ademán solemne y te apretó contra su pecho. Una explosión de celos enfermizos laceraba las fibras más hondas del alma. Tú eras mía, solo mía, y ni siquiera con el Ángel de la Muerte te quería compartir.

Cayeron lentamente las sombras de la noche, en tanto que tu imagen parecía evaporarse, diluyéndose en fuga, mientras que el Ángel de la Muerte asía tus brazos con vigor. En las fúnebres tinieblas de la noche, tu imagen desapareció por completo, así como la del vengativo ángel victorioso.

Viéndome solo, caí de bruces llorando como un niño que perdió sus juguetes. Una idea luminosa surgió de las raíces mismas de la conciencia: así fuese solo, sin el calor de tus manos, sin el apoyo cordial de tus palabras de aliento entrelazadas con el trino de mil pájaros cantores, aunque me martirizara hacerlo, debía continuar mi camino. Así lo ordenaba mi destino, pues yo no era más que un pobre títere manejado por los designios ineluctables del Creador omnipotente y misericordioso.

Fatigado de llorar, pude ver en el oriente los primeros resplandores del amanecer. Desconsolado, me puse de pie para continuar solitario la marcha que juntos habíamos emprendido con rumbo al castillo de marfil, donde nos esperaba un tálamo de rosas.

Me agobiaba la fatiga que laceraba todos mis huesos y atormentaba mi alma. Recordaba con espanto la figura macabra de Azrael, el Ángel de la Muerte que te había arrancado de mis manos. Añoraba tu imagen amorosa desvaneciéndose en las sombras de la noche.

Al alzar la mirada para iniciar la marcha, creí ver, en la altura, una imagen arrobadora en medio de los arreboles. Froté los ojos para aclarar la vista nublada por el llanto y, entonces, como un milagro celestial, pude ver tu rostro bondadoso, con una inefable expresión de amor y de ternura. El fuego de tus ojos y el don de tu sonrisa infundieron en mi espíritu una paz infinita y entendí que Dios había premiado la bondad de tu existencia, liberándote de las espinas del jardín de las rosas y evitándote continuar la marcha por el sinuoso sendero con piedras y guijarros que laceraban tus pies.

Como en un nuevo capítulo del cuento de hadas, los rosales multicolores florecieron, los sauces llorones se mecían suavemente con una brisa cálida, mil pájaros cantores trinaban con dulzura y las siemprevivas recobraron su humilde esplendor.

Premonitoriamente, en un solo instante, acepté mi jornada. Marchaba por la senda, erguido y alegre, llevando en mis manos rosas para ofrendarte, mientras que los sauces parecían saludarme llorosos al verme pasar.

La horrible pesadilla se transformó en un sueño sosegado: en una madrugada luminosa de sol, apareció al fin ante mis ojos, en el horizonte, el castillo de marfil, magnífico y luminoso. Mi corazón palpitó de alegría, como presintiendo un encuentro milagroso.

Tú te hallabas en las puertas del castillo. Vestías como un ángel una túnica holgada, blanca como la nieve y con tus manos buenas me invitaste a mitigar la fatiga de la larga jornada, reclinados en un tálamo de rosas, fundidos en un tierno beso conyugal.

No hubo palabras vanas, solo cuando besé tus labios, me dijiste amorosa y jovial «Juntos vencimos a Azrael, el satánico Ángel de la Muerte. No sufras por mi ausencia. Nunca olvides, amor mío, que aunque hundida eternamente en el naufragio de la muerte, para ti, mi viejo esposo, siempre seré el Ángel de la Vida».

Un jueves para el recuerdo

El jueves pasado, al atardecer y con el ánimo abatido, pensé casi que a los gritos que había sido uno de esos días que no ha debido de aparecer en el candelario, dándole paso, sin estorbar, a un viernes más amable y cordial; pero el final fue grandioso gracias a un ángel llamado Lucía.

A pesar de las vanas promesas de no volver a conducir vehículo alguno a partir de los 80 años, de ni siquiera pasar por la notarías de fe pública y de, finalmente y por lo menos en esta existencia, romper relaciones con el mundo bancario por cuestiones de logística, como dicen los jóvenes economistas, tuve que acercarme a la oficina de un banco en el que la mayor parte de sus clientes son como yo, viejos pensionados. Los ancianos son tristes y pacientes: esperan silenciosos a que la fila avance hasta la ventanilla del ufano burócrata.

Antes teníamos un nombre: «Buenos días, don Mauricio. ¿En qué puedo servirle?». Llegó la tecnología para ayudar a las personas, para hacerles más grata la existencia, para que la vejez fuese menos dura. Ahora don Mauricio es tan solo un Nombre de Usuario y una Contraseña que debe recordar de memoria a pesar de tener ochenta años o, de lo contrario, sale del sistema y es arrojado a las tinieblas exteriores, dejando de existir prácticamente.

Vale la pena aclarar que el sistema es un adusto complejo de computadores prodigiosos, cuyas entrañas son redes y algoritmos que no admiten ni el error de una coma aunque él sí se equivoque con frecuencia, sin importarle un bledo las angustias de un pensionado octogenario hecho de carne y hueso.

Con cabal disciplina, esperé con paciencia mi turno para ser atendido por una asesora, tiempo que me sirvió para entender el funcionamiento de un banco en la era moderna de la tecnología.

El Sistema es algo así como el Gran Hermano que predijo Orwell: es el amo y señor del banco pues todo lo maneja y lo dispone, y sabe con detalle todo respecto a ti. Sin él, no hay operación bancaria ya que todo queda en suspenso.

Las asesoras son niñas jóvenes y gentiles con dos funciones básicas: por una parte, fungir como sacerdotisas que, con temor y respeto, le exponen al Sistema las necesidades de los usuarios a través de un teclado. Por la otra, por lo demás bien engorrosa, tratar de explicarles a los usuarios que, como el Sistema es bipolar y tiene frecuentes trances sicóticos, en ese momento se niega a llevar a cabo el trámite que urgentemente requiere el pensionado.

Sospecho que el gerente es el encargado de atender todas las necesidades y caprichos del Gran Hermano y de pagar el salario de asesoras y vigilantes.

Estando en esos pensamientos, como el trámite que me llevó al banco era en extremo simple, con paso firme y cabeza erguida pasé a la ventanilla correspondiente. Evidentemente, la eficiente asesora que me atendió efectuó su gestión sin tropiezos y me dijo sonriente: «Todo listo. Solo nos falta validar sus huellas». «¿Y eso quién lo va a hacer?», me atreví a preguntar. «Pues el Sistema», me respondió con desparpajo.

Colocó mis dedos en una maquina con una luz titilante, como anaranjada, en orden de grande a chiquito y al revés, dando prelación a los pulgares. Dio una mirada a la pantalla y desapareció su sonrisa, frunció el ceño y, con voz cavernosa, me informó la sentencia: «El Sistema conceptúa que usted no tiene huellas y que se debe cancelar todo el trámite».

La desoladora impotencia de la joven asesora bancaria me impidió entrar en un trance de ira e intenso dolor. Simplemente pregunté: «Entonces, ¿qué haremos?». Y la chica, con sinceridad, me respondió: «Vuelva mañana que de pronto el Sistema estará menos exigente y le gusten sus huellas».

Dicen los expertos en dactilografía y ciencias forenses que no hay dos individuos con las mismas huellas o, dicho de otra forma, que las huellas son propiedad inalienable de cada ser humano.

De camino a mi casa, pensé y sentí angustia de que, al día siguiente, el Sistema sentenciara que no soy un ser humano por no tener huellas o que, de pronto, fuese solo una proyección holográfica de una dimensión desconocida del metaverso para el que nos preparamos a vivir en el siglo XXI.

Sin más explicaciones, se entiende mi angustia y desazón de esa fría tarde de jueves. Sin embargo, con la exultante alegría que invade a un beduino cuando encuentra un oasis en medio del desierto, vi cómo el jueves destinado a desaparecer del calendario, se convirtió en el jueves más memorable de mi vida.

En compañía de su abuelo, un galeno ejemplar, poeta, trovador y un verdadero maestro del acordeón, como en un cuento de hadas y sobre las alas de un paseo vallenato, llegó a mi corazón «La Limoncita, la niña Lucía».

Con un selecto grupito de familiares y amigos, compartimos lágrimas de emoción profunda al escuchar al abuelo Julio Durán, con el apoyo magistral del maestro Flórez, narrar en un paseo vallenato, compuesto por él, la llegada a su hogar de La Limoncita por mandato milagroso de la virgen María, desde su trono en Cova da Iria.

Voces y corazones apoyadas del maestro vallenato, cuyos dedos saltaban por los botones de su acordeón como gaviotas que quisiesen volar, con la única tecnología del arte y del sentimiento sin necesidad de artilugios ni contraseñas, mucho menos de algoritmos.

La vida verdadera, vocinglera, cálida y amable, compendiada en el verso final de una estrofa con la que Julio me acarició el alma al recordarme que Dios sabe cómo queremos los abuelos. En ese momento, «La Limoncita, la niña Lucía» se convirtió en el emblema viviente, narrado en un paseo vallenato, del amor de los abuelos: diáfano y transparente, como lo pregonaba Pablo de Tarso.

¡Qué importa no tener huellas en los dedos cuando las huellas que perduran y trascienden las tenemos muy bien grabadas en el alma!

Un cuento de navidad

Queridos hijos,

Uno de mis tantos defectos es el de querer siempre transmitir mis sentimientos con escritos, en los cuales las palabras se agolpan igual que mis tristezas. Además, como tenemos muy pocas oportunidades de estar todos reunidos, resolví mandarles este papel, que bien pueden compartir con los nietos y cónyuges, siempre generosos y pacientes conmigo.

Desde mi infancia tan lejana ya, y tan añorada por mi alma, diciembre siempre ha sido el mes más bello del año, con luces, arbolitos, pesebre y novenas, llenas de amor en el seno del hogar. Entenderán por qué, en las actuales dolorosas circunstancias, mi alma se agita en una tormenta de encontrados sentimientos que las palabras tratan de expresar. Por una parte, se agobia, con una resignada tristeza, ante la cruel enfermedad que destruye lentamente a la Monita, y, por la otra, se embriaga de alegría por el apoyo, el amor y la fortaleza que a manos llenas me brindan ustedes. Esta peculiar situación espiritual es la que me ha movido a escribirles faltando pocos días para diciembre, el mes del afecto y de la Nochebuena. La noche de la ilusión para los niños y del plácido afecto para los viejos.

La constancia, la paciencia y la esperanza son los pilares que soportan la voluntad para avanzar por el sendero hacia la difícil meta de solucionar problemas, en principio irremediables. Son como un trípode que soporta los planes de acción ante la incertidumbre del destino, de manera equilibrada. Si alguno de ellos falla, el caminar es errático, sin brújula y sin rumbo.

Ante metas imposibles de lograr por razones que superan las facultades humanas, físicas o metafísicas, incontrovertibles, pero muy difíciles de aceptar, de manera consciente e inconscientemente se marchita la esperanza. Entonces, la constancia se vuelve terquedad irracional, la paciencia se convierte en resignación dolorosa, y todo accionar hacia la meta imposible concluye en un tremendo naufragio, un colapso existencial.

Frente a la frustración del fracaso, los bienaventurados con arraigada fe en Dios aceptan su voluntad, pues creen sinceramente que todo sucede para su bien, así sea que resulte doloroso. Los que no hemos podido cultivar ese don sobrenatural, quedamos agobiados ante el silencio infinito de Dios.

Fue el silencio de Dios lo que me motivó a escribir esta nota para ustedes, pues anoche, cuando, sentado al lado de la Monita, trataba de interpretar su silencio desconcertante, me fue entrando una dulce modorra, que lentamente se tornó en un letargo profundo y, en mis ensueños de anciano, soñé con Dios.

Aunque no me crean, soñé anoche con Dios. Sentado en un trono dorado, con magnífico dosel rojo de finísimo raso con incrustaciones de diamantes y rubíes. Su descuidada barba blanca, hasta el ombligo, relucía como la nieve. Su mirada severa parecía perdida en el vacío como si quisiera contemplar la eternidad, aunque para Él la eternidad es un ínfimo instante que ya conoce desde la misma eternidad, pues es nada menos que su ingenioso inventor.

Su mano derecha, rugosa y descolorida, un poco descuidadas las uñas, se alzaba como queriendo bendecir, como a imagen de lo que hace el Papa los domingos desde los balcones del Vaticano. Como no atinaba a hacerlo, pude caer en cuenta de que lo que pretendía era clamar a los coros de ángeles, arcángeles, tronos y dominaciones, que por Él, vale decir que por Dios, bajaran el volumen de sus cánticos de gloria, pues lo tenían aturdido. Sospecho, además, que ya está empalagado de escuchar el mismo aleluya por toda la eternidad, aunque ignoro si los coros celestiales incluyen de vez en cuando en su repertorio, para deleite de Dios, unos buenos bambucos, cuecas, marineras y rancheras, o, por lo menos, la «Zamba de la esperanza», pues esperanza es lo que debe prodigarse en el cielo a manos llenas.

A pesar de que yo tenía plena conciencia de que me hallaba en un sueño, en un cierto momento tuve la sensación de que con todo mi cuerpo frágil y pecador, maltrecho por los años, me encontraba realmente en la presencia del mismísimo creador de los cielos y la tierra. Sentí un miedo tremendo, parecido al pánico que me hacía transpirar de pies a cabeza, cuando, como primíparo prepotente, exponía mi lección de cálculo integral al doctor Horvath, en las frías aulas de la Universidad de los Andes.

También hice desesperados esfuerzos para despertar de mi profundo sueño, convertido ya en pesadilla, mas resultó imposible y solo logré serenarme un poco cuando Dios se dignó mirarme y con voz susurrante me dijo, sin mucho entusiasmo, «Deja de temblar, mortal cobarde, que no soy como me pintan mis representes en la Tierra. Mientras no vengas a pedirme milagros, nada pierdo por dialogar contigo. Más bien, me libero por un rato de estos monótonos coros celestiales que ya me tienen hasta la coronilla».

«Gracias por tenerme en cuenta, Señor, a mí, gusanillo pecador».

«Deja de decir pendejadas», respondió energúmeno. «El que, por dártelas de humilde, te llames gusanillo, me ofende de verdad. El gusano es una obra maestra de mi creación, que además no peca como tú. Pero por aquello del pecado, no te atormentes y mucho menos te vayas a dar golpes de pecho hasta fracturarte el esternón. Si tú eres pecador es porque yo te hice así. Es mi culpa, no la tuya».

Cerró los ojos, pienso yo que meditando, pues, al cabo de un par de minutos, rompió el silencio para exclamar tajantemente: «A la hora de la verdad, el pecado es un invento terrenal, con el que nada tengo que ver. Fue invento de unos cuantos fanáticos para promocionar el purgatorio, que solo existe en su imaginación. En mí solo hay perfección y mis obras son fruto de esa perfección. Lo que tú hagas o dejes de hacer son obras perfectas de mis manos, cuando en una tarde tediosa, por algo hacer, organicé el universo. Lo único que me ofende, como un error de diseño, es que ofendas a tus semejantes, con hechos, palabras o pensamientos».

«Acércate a mi trono para que pueda escucharte. Estoy ya medio sordo y estos malditos coros meten demasiado ruido».

Con pasos vacilantes sobre una alfombra de nubes, avancé temeroso hasta el trono de Dios. Viéndolo ya de cerca, tuve la sensación extraña de hallarme ante un anciano arrugado y decrépito, inmensamente triste como todos los viejos. Como en un espejo, se trataba en realidad de dos viejos decadentes iguales y semejantes, artríticos y prostáticos.

Se quedó silencioso en un largo silencio, tratando quizás de organizar su mente, perdida en los misterios del tiempo y el espacio. Al fin, exclamó displicente:

«Habla y pregunta lo que te venga en gana. A través de los siglos he escuchado mil veces la misma cantaleta, que ya me da lo mismo, todo me importa un bledo».

«El problema, Dios mío —exclamé tímidamente—, es que no quiero alabarte como tus ángeles y querubines, sino que quisiera descifrar, hablando contigo, unas cuantas dudas que, desde que llegué a la vejez, me torturan el corazón o, mejor, el cerebro, y no digo el alma, pues no tengo ni idea de lo que es el alma. Ya que llegamos al tema del alma, quisiera preguntarte, Dios mío, ¿qué es el alma?»

«Pues, hombre, el alma es la vida», me respondió el Señor sin mayor entusiasmo. «Señor, hasta donde yo entiendo, por lo poco que he leído, el universo material surgió hace catorce mil millones de años, de un punto colmado de energía que explotó en el llamado Big Bang a unas temperaturas infernales. Pero, Dios mío, ¿cómo surgió la vida o, como me has dicho, el alma?»

«Ese es uno de los secretos, o, mejor dicho, recetas, que con nadie quiero compartir, y menos contigo que ni siquiera has sido sacristán. Si te lo contara, serías más sabio que mi embajador plenipotenciario en tu minúsculo planeta Tierra, a quien ustedes llaman Papa o santo padre, como dicen las viejas rezanderas, a pesar de que yo, Dios, soy el único SANTO, con mayúsculas.

»¿No te parece que sería desleal con él y con su corte de cardenales, obispos y clérigos que, haciendo votos de castidad, dizque han puesto su vida a mi servicio, sin que yo los necesite, para serte franco, mientras que tú, pequeño vejete, solo te has acordado de mí cuando tienes problemas?», suspiró profundamente y concluyó: «Te doy una pista importante: Yo soy la vida.

»No estoy de humor para interrogatorios. Más bien, desahógate y desembucha todas las dudas que tengas, aunque para serte sincero, como Dios omnisapiente, yo ya las conozco desde el principio de los tiempos. Pero, eso sí, ten presente que no estoy de humor para darte explicaciones».

«Para comenzar, Dios mío —exclamé—, no puedo entender por qué, si tú eres el señor de toda la creación, infinitamente sabio, bueno y justo, escogiste a la Monita para castigarla con una cruel enfermedad que la tiene casi inconsciente, postrada en una cama. Una mujer buena, madre, hija, esposa y abuela, que no hizo mal a nadie, merecía que, más bien, si fueras justo, la hubieses premiado con una vejez plácida y alegre, al frente de su hogar y de un esposo que la amaba. Con humilde rebeldía, exijo que me expliques ese contrasentido que, en verdad, no es digno de un Dios como tú. Te confieso con sinceridad que, cuando pienso en esto, el único camino que encuentro para desahogar la furia de mi corazón es volverme ateo».

«Alto ahí», me interrumpió Dios con vehemencia. «Estás equivocado de cabo a rabo. No me culpes a mí de nada de lo que sucede y, antes de que te postres a pedirme un milagro, te aseguro que no está en mis manos hacerlo. Piensa que si en mis manos estuviese evitarlo, no sucederían en la Tierra tantas tragedias, terremotos, ciclones, tsunamis. No habría políticos ladinos y corruptos, curas pedófilos, niños tarados, muertos de hambre y desnutridos, además de seres postrados injustamente como tu buena esposa. Yo fui el origen creador del universo; fui la fuente de la energía, de la materia y de la antimateria; establecí los procesos genéticos que determinan la vida y la muerte de todas las especies; diseñé las leyes matemáticas que rigen su funcionamiento. Pero también, como Dios, establecí una ley fundamental, que yo mismo me impuse: una vez creado el universo, yo no intervendría en su funcionamiento.

»No podría, por toda la eternidad, además de tener que soportar los coros angélicos, estar velando por las fallas operacionales del cosmos y de todas y cada una de las criaturas; no me quedaría tiempo ni para un mal pensamiento. Así mismo, quiero que tengas claro que los políticos, los curas, los terremotos y todos los males, que hace un minuto mencioné, son fallas de diseño que cometí por inexperiencia, ya que nunca antes había creado un universo. Ten muy claro también que ya estoy muy viejo para arruinar mi existencia corrigiéndolas».

«Señor mío, perdona que interrumpa —exclamé temeroso—. Desde que tuve uso de razón, escuché a tus emisarios y las viejas bigotudas, que van a misa de cinco y rezan el rosario, pregonar de manera dogmática: "No se mueve una hoja sin la voluntad de Dios". Entonces, ¿en qué quedamos?»

«¡Carambas, hombre!», me increpó Dios, visiblemente disgustado, y sin darme tiempo para reaccionar, continuó su diatriba:

«¡Estás muy viejo para creer en esas tontas entelequias! ¿Te has puesto a pensar solo un minuto en cuántos árboles y arbustos hay en tu planeta, y en cuántas hojitas tiene cada uno? Si me pusiera a controlar el movimiento de cada hojita, la corte celestial en pleno me declararía interdicto por demencia aguda.

»Antes de que despiertes de la pesadilla que has tenido, te sugiero no preocuparte por ser ateo, es más, se me antoja confesarte que, ante tantos disparates que a diario cometen los humanos, sadismo, corrupción, traiciones, masacres, yo mismo, siendo Dios, me estoy volviendo ateo. Además, un consejo: fundamenta lo que te queda de vida en el amor; ama y déjate amar por los seres que te rodean. Amaste y amas a tu esposa y por amor estás a su lado velando y sufriendo su agonía. Claro está que así mismo, como fruto del amor, acaricia y disfruta tu melancolía, tu profunda tristeza y tus añoranzas».

La voz temblorosa de la Monita, llamándome, me despertó de súbito y concluyó aquel sueño. Las palabras de Dios me turbaban el cerebro. «No quiero ser ateo; quiero seguir creyendo que un Dios bueno vela por mi vida», me decía el corazón, pero la mente inquieta gritaba: «¿Por qué su silencio?».

Ya muy lejos del sueño, en la realidad de la realidad, como ustedes lo saben, porque lo han vivido a mi lado, tratando de ignorar esa realidad, con constancia, paciencia y esperanza, luché y elevé mis torpes oraciones al Dios bueno y omnipotente, para que, con su infinita sabiduría, alumbrara nuestro hogar con el milagro de la luz.

Sin embargo, esa luz celestial nunca ha resplandecido ni se vislumbra en el horizonte.

Solidariamente, encaramos con amor y dignidad las diferentes fases de la cruel enfermedad de la Monita, difíciles e hirientes muchas de estas. Sin el amor y el apoyo de todos ustedes, hubiera desfallecido, sumido en la soledad y en la desesperación.

Racionalmente, he llegado a convencerme de que el Dios, en quien me empeño en creer, aunque en mi sueño no quiso aceptarlo, ha determinado que mi cruz sea recorrer mi vejez con el peso agobiador de soportar en el alma el dolor de ser herido por la muerte en vida del ser que más he querido desde hace algo más de cincuenta años, cuando ninguno de ustedes había nacido.

Por amor, cuento con el apoyo incondicional, la generosa comprensión y la compañía de todos ustedes, de pronto como compensación de la vida en mi recta final. Sin embargo, como fundador del hogar junto con la Monita, en este diciembre gris y lluvioso que se avecina, por una jugarreta infame de la genética, se ha roto para mí la tradición de cincuenta años de hacer el pesebre con la dirección religiosa y artística de la Monita y la colaboración juvenil de ustedes.

Ante la realidad de una enfermedad aterradora, todo ha quedado este año en el vacío de un hogar que está herido, viendo pasar los días navideños de una manera, para mí, muy dolorosa. Y, como les dije antes, todo este derrumbe sucede ante el impasible silencio de Dios, quien conoce hasta el más mínimo detalle de mi vida y bien podría, con su infinita misericordia y, en especial, con su justicia, dar un rayo de luz a la esperanza.

Ustedes son el futuro y la esperanza; son experiencia vital que ríe y canta cada alborada. No permitan que la tristeza marchite sus hogares. Reciban la Nochebuena con abrazos, besos y cánticos de amor. Que el espíritu infantil resida en todos ustedes y guarden la cándida ilusión de encontrar muchas lindas sorpresas el día de Navidad.

En cuanto a mí, desvanecida la esperanza, solo me queda convivir con la añoranza y esperar sin ilusión el paso de los años en compañía de la tristeza y la nostalgia, no de la soledad ni del afecto, pues los tengo a ustedes, buscando a partir del año entrante disfrutar cada vez más el amor que con generosidad me brindan y refugiarme en mis libros para no ser una carga tan pesada para ustedes. Algún día, «cuando la muerte me lleve por su camino de sombra», los dulces recuerdos de los cálidos diciembres en el hogar arderán con mis cenizas.

Con el corazón colmado de amor y gratitud, los quiero y los bendigo. ¡Feliz Nochebuena!

Un retozo autobiográfico

La aurora sorprendió al ingeniero resoplando como un corcel en la sala de espera de un hospital. Unas horas antes, su joven esposa había traído al mundo una hermosa bebecita y las dos dormían ya plácidamente. Cuenta la historia que el ingeniero, en su función de padre primíparo, siguiendo los consejos de un obstetra malintencionado, había practicado al lado de su esposa los ejercicios respiratorios para facilitar el proceso del parto de manera metódica y serena. El obstetra lo había aleccionado: «Lo importante, mi amigo, en estos trances es no perder la serenidad».

En el momento del trance, el obstetra invitó al ingeniero a pasar al quirófano, disfrazado de médico, para que, al lado de su esposa dolorida y aturdida, la asistiera con los ejercicios respiratorios. Desafortunadamente, el ambiente del quirófano pudo más que su buena voluntad conyugal y, sin saber cómo, perdió por completo la serenidad y sufrió un agudo patatús que tuvo que ser atendido de urgencia por el obstetra en persona, quien, después de revivirlo, ordenó retirarlo de la escena en brazos de dos burleteras enfermeras.

Pálido y sudoroso, más muerto que vivo, el achantado ingeniero fue depositado en la sala de espera donde, a pesar de haber sido socorrido con unas tizanas de toronjil, continuó resoplando ejercicios respiratorios, tal y como lo encontramos al iniciar este viaje por los senderos del pasado.

En tanto que la madre jubilosa y la bebe recién nacida lucían rozagantes y tranquilas, el buen ingeniero era a todas luces un guiñapo humano. Deambulaba como un espectro ojeroso, barbado y despeinado, por los fríos pasillos del hospital, sin entender por qué dos aristocráticas matronas con quienes se cruzó comentaron entre dientes: «Ala, mija. Esta es la nueva Colombia. Dejan entrar a una clínica de categoría vagabundos drogadictos. Qué peligro».

De acuerdo con los recuerdos que fluyen por el tiempo, nuestro amigo de esta historia se encontraba en un viaje de trabajo cuando fue alertado por la suegra de la inminencia del nacimiento del bebé.

En medio de una tremenda tormenta, a bordo de un frágil bimotor DC3 de Avianca que, durante una hora, desde el despegue en Bucaramanga, se bamboleó como un columpio en un huracán, arribó al aeropuerto mareado y asustado, y, sin lugar a una tregua, debió ir directamente a su casa para llevar a su esposa al hospital, sin tiempo para ingerir siquiera una aspirina y sorteando el drama de conseguir un taxi a las seis de la tarde.

Si a este agitado prólogo de aquel día inolvidable, se suma la angustia natural por los riesgos de un parto para la vida de su esposa, la descontrolada odisea respiratoria y el escalofriante recuerdo del quirófano, se explica con claridad el calamitoso estado del nuevo padre.

Hay una verdad axiomática: no hay político sincero ni recién nacido bonito. Sin embargo, el ingeniero tuvo que aceptar que su bebé era sin duda la excepción a la regla para no contrariar a la esposa. Juntos, con María del Rosario en los brazos, que así habría de llamarse la primogénita, derramaron lágrimas de exultante alegría, que irrumpieron como un ciclón en la serena felicidad de su plácida vida conyugal.

El bautizo de la nenita fue todo un acontecimiento. Además de ser el primer retoño del hogar del ingeniero, resulto ser la primera nieta y la primera sobrina de las dos familias, lo cual imprimió una excepcional carga sentimental al evento, con repetidos parabienes, brindis con champaña francesa, arengas y pasabocas.

La pobre Monita, su esposa, quien, además de las faenas de alimentación del bebé, del cambio de pañales y de la expulsión de gases, en las que todavía no era muy ducha, estuvo al frente de la fiesta, amable y jovial, terminó extenuada y con fiebre de 39 grados. El ingeniero pasó la noche en vela con una maligna jaqueca, pues, además de estar un poco alicorado, cayó en cuenta de que su precaria economía acababa de sufrir los embates de una tormenta tropical, y la aurora lo sorprendió sumando y restando.

El anciano hace un alto en la caminata por los vericuetos del pasado para rememorar socarronamente que las vacas sagradas se hicieron presentes con un arreglo floral y un oso de felpa. El doctor Díaz no perdió la oportunidad de lanzar un comercial: «Ala, mijo. Ahora que ya eres, padre tienes que poner los pies en la tierra y bajarte de la nube. Deja ya la valentonada sindicalista de criticar a las directivas y más bien ponte a trabajar para construir el futuro de tu hija».

Sin dejar de fungir como un tábano criticón y molesto, el ingeniero se dedicó a trabajar, no por seguir los concejos del doctor Díaz, sino porque de corazón consideraba que solo trabajando resultaría honesto alcanzar el futuro promisorio que le había augurado su madre, y no con influencias y mentidas alabanzas en el fantasmal mundillo de las vacas sagradas.

En verdad no solamente trabajaba, sino que trabajaba con agrado, porque tuvo la suerte de que el primer jefe en su vida profesional fue un caballeroso colega disciplinado e inteligente, a quien, además de una gran admiración, le guardaba un secreto agradecimiento, pues era el mismo compatriota que lo había salvado de la hipotermia en un gélido aeropuerto sueco.

Sesenta veces ha pasado el planeta por el solsticio de verano, lapso en el que el ingeniero, además de envejecer al lado de su esposa hasta quedarse viudo, ha sido testigo y actor afortunado de la más abrumadora transformación tecnológica de los medios y herramientas utilizados por la humanidad para intercambiar, procesar y utilizar un valioso recurso natural como es la información, como materia prima del conocimiento y de la innovación, con fines científicos, sociales, culturales, lucrativos, recreativos, políticos y hasta pornográficos.

Al invertir la flecha del tiempo hacia el pasado con la anterior consideración, no pretende el anciano hacer un recuento de su trayectoria profesional, de la cual modestamente se enorgullece, sino poner de relieve su tozudo empeño de comprometer a la ingeniería colombiana, como gestora fundamental, en la quijotesca tarea de encaramar a Telecom en esa fantástica aventura tecnológica, a pesar de la ineficiencia proverbial de las vacas sagradas, quienes a la larga fueron las que atesoraron todos los méritos.

Con un grupo de colegas convencidos de la importancia de su profesión, fundó la Asociación de Ingenieros de Telecom, coloquialmente llamada Asitel, y, de manera unánime, el ingeniero fue elegido como su primer presidente. En los modestos salones del Club de Ingenieros se ofreció un coctel para celebrar el nacimiento del organismo gremial, al que fueron invitadas las directivas, quienes a esas alturas estaban convencidas de que se trataba de un nuevo sindicato, como había vaticinado sagazmente el secretario general, un orador greco caldense.

Con cuatro *whiskys* entre pecho y espalda, el ingeniero tomó impulso y agarró el micrófono. Planteó como punto de partida la importancia de las telecomunicaciones como uno de los ejes fundamentales para el desarrollo del país. Expresó entusiasmado que, para los miembros de Asitel, constituía un verdadero orgullo pertenecer a una empresa cuyo eslogan era «Telecom une a los colombianos y a Colombia con el resto del mundo».

«Asitel no pretenderá, en ningún caso, emular las actividades ni objetivos del Sindicato de Trabajadores. Tal como sus asociados lo han venido haciendo en forma individual, la asociación, como agrupación profesional, ofrece su aporte técnico y científico para lograr el continuo mejoramiento de la empresa y el mejoramiento de las telecomunicaciones».

Las vacas sagradas quedaron con un palmo de narices y se vieron forzadas a aplaudir y abrazar al ingeniero. El doctor Díaz lo palmoteó en el hombro: «Mijo, te luciste». Fue enorme el entusiasmo. La reunión se prolongó hasta avanzada la madrugada y, naturalmente, la cuenta fue más enorme que el entusiasmo. El ingeniero tuvo que asumir sus funciones presidenciales con cargo a su anémica chequera.

Como en el pasado, el ingeniero pasó la noche en vela con una maligna jaqueca, pues, además de estar un poco alicorado, encontró a la esposa, quien tenía ocho meses de embarazo, más brava que un ají chivato. Después de que logró tranquilizarla, cayó en cuenta de que de nuevo su precaria economía acababa de sufrir los embates de una tormenta tropical, y, como antaño, la aurora lo sorprendió sumando y restando. Fue una premonición: el ingeniero, hasta su vejez, se desvelaría durante toda su vida sumando y restando.

La visita del diablo

A Satanás, *con admiración y afecto*

Cuentan las gentes de la aldea que en una soleada mañana de abril, cuando las sonrisas joviales de la primavera engalanaban con verde esperanza los bosques y los prados, llegó, de no se sabe dónde, un misterioso personaje con pelambre de simio, pensativo y silencioso, quien como única pista confesó, en medio de un hosco gruñido, tener el apodo de Changó.

No hablaba ni expresaba sentimiento alguno, solo parecía divertirse con el devenir de los aldeanos, dedicado cada cual a su rústica tarea, repetida cada día desde el principio de los tiempos, sonrientes y sumisos como hormigas del mismo hormiguero.

Si las gentes lo veían con recelo, como queriéndolo evitar, no es de extrañarse, pues de amigable muy poco tenía, o, al menos, casi nada aparentaba el simiesco personaje. Aunque guardaba un profundo silencio, daba la sensación de estar gruñendo permanentemente, con un aire de profundas melancolía y soledad. Parecería que se deleitaba contemplando el universo sin inmutarse por la eternidad del tiempo.

Reunidos en la única taberna que había en el poblacho, los aldeanos debatían si se trataba de un viejo disfrazado de simio, o más bien de un chimpancé desubicado con ínfulas de humano. En todo caso, los días pasaban y las noches llegaban, sin que el intruso demostrara un mínimo deseo de comunicarse con los alelados aldeanos y mucho menos de marcharse para dejarlos en paz.

Solo era cierto que la presencia de Changó, sentado en una piedra a la vera del camino, sin chistar, sin llorar, sin sonreír, resultaba cada día más perturbadora para el espíritu simplón de los aldeanos, temerosos del Dios que el padre Anselmo Arcadio les describía durante la cuaresma y de las llamas eternas del infierno.

El padre Anselmo Arcadio, de quien se decía que charlaba con el Diablo en la noche del Viernes Santo, era dueño de las almas y de las conciencias de los humildes campesinos, manipulando con habilidad, según su conveniencia, los gozos celestiales y los tormentos infernales, así como los padecimientos de las benditas almas del purgatorio.

Esto, explica por qué, de manera unánime, los atribulados feligreses decidieron encargarlo de la ingrata gestión de encarar al misterioso personaje para sacar en claro de quién se trataba, qué estaba buscando y hasta cuándo pensaba permanecer turbando la bucólica paz de la aldea.

Amotinados en la sacristía, vociferando todos a un mismo tiempo, los más viejos de la aldea, imponiendo silencio, comunicaron al cura la determinación de nominarlo vocero del pueblo, considerando sus vínculos de amistad con Dios.

El cura manoteaba pidiendo tranquilidad, mientras pensaba un discurso para liberarse del menudo embrollo; acostumbrado durante años a tratar con gente ignorante y simple, le aterraba tener que devanarse los sesos para entablar un diálogo inteligente con una criatura desconocida, corriendo el riesgo de salir mal librado frente a sus mansos feligreses.

Sin emitir opinión alguna, les ordenó retirarse tranquilamente a sus casas, asegurando que el día siguiente, que casualmente era domingo, durante el sermón de la misa de doce, les explicaría el plan para librarse del intruso de la manera más suave y menos peligrosa para los cuerpos y para las almas.

Ese día rezó el rosario más rápido que de costumbre y se retiró sin cenar a su aposento en medio de las lamentaciones de Rosalbita, quien cuidaba de su salud como si fuera un párvulo. Con frecuencia cotorreaba con las viejas: «Monseñor es todo un santo. Por andar en sus rezos y en sus meditaciones, casi no come y duerme muy poco». Nadie en el pueblo ponía en duda la santidad del cura, pero lo cierto es que el padre Anselmo gustaba muy poco de los artes culinarios de Rosalbina y tenía en su alcoba una caja fuerte con toda clase de golosinas que, cada mes, le enviaba su hermano desde la capital y que él hacía pasar, cuando alguien se atrevía a preguntarle, por reliquias de los santos. En cuanto al poco sueño, más que oraciones y profundas meditaciones, se debía a desperfectos de su vieja próstata que lo obligaban a pasar al mingitorio continuamente, maldiciendo las barbas de Satanás.

Esa noche no durmió. La idea de tener que hablar con el intruso le causaba una molesta angustia en la boca del estómago. ¿Qué tal que ese desconocido con figura de chimpancé fuera el mismísimo diablo, en quien él creía a ciegas, quien venía a ajustarle cuentas por sus exagerados elogios de las delicias del paraíso, por maldecir sus barbas todas las noches y por jactarse mentirosamente de conversar con él en la noche del Viernes Santo, para ganarse la admiración y el respeto de los ingenuos?

La madrugada lo encontró sumido en sus pensamientos, recordando el compromiso de explicarles a sus ovejas durante la misa de doce, el plan para deshacerse del incómodo visitante de la manera más sensata posible, sin poner en peligro su dignidad eclesiástica, ni defraudar a la feligresía. Se hincó de rodillas e invocó a Eulalia, la santa patrona del pueblo, mascullando entre dientes una cuantas jaculatorias, pidiéndole con angustiado fervor la milagrosa desaparición del monstruo por voluntad propia, liberándolo a él del desagradable compromiso.

Mientras que caminaba hacia la iglesia, estrujó su gastada memoria tratando de recordar los rituales del exorcismo, pero en realidad muy poco había estudiado sobre el tema, que además le causaba un poco de espanto y, al final de cuentas, solo pudo recordar la fórmula benedictina «*vade retro satana*», la que decidió guardar como arma secreta para el encuentro con el intruso, aunque sin estar muy seguro de su eficacia.

Entre tanto, Changó continuaba incólume sentado en la piedra a la vera del camino, sus pequeños ojos saltones parecería que miraran más allá del horizonte, como deshilvanando el tiempo en busca de viejos recuerdos. Cuando al pasar rumbo a la escuela, furtivamente los niños le arrojaban piedrecitas, los contemplaba con inmensa indiferencia, sin inmutarse ni romper su silencio. En realidad, desde que llegó a la aldea, solo una vez había hablado. Fue el mismo día de su llegada cuando un campesino le pregunto quién era, y él, con un gruñido, le respondió «Changó», y lo miró fieramente. El campesino huyó despavorido.

Nadie faltó a la misa ese domingo. Revestido con los ornamentos blancos de la Pascua, el padre Anselmo lucía demacrado. La vigilia de la noche anterior, la inmensa desazón por su ignorancia en materia de exorcismos y los rostros expectantes de los aldeanos, lo tenían al borde del colapso. Nunca desde su ordenación, hacía cuarenta años, había proferido con tanta unción el ritual de «Señor, ten piedad». En el aprieto en que se encontraba, no era una simple frase litúrgica, sino el angustioso clamor de un alma atribulada.

Cuando llegó el momento del sermón, monseñor respiró profundo, se colocó meticulosamente el bonete, como ganando tiempo, miró de reojo a Jesucristo, y exclamó con voz de lamento «hermanos y hermanas», seguido de una deshilvanada perorata sobre el demonio, el mundo y la carne, enemigos del alma que se atraviesan en los caminos que conducen al cielo, para desviar las almas a las profundidades del infierno.

«La misión de la Iglesia y de sus pastores es la de conducir a sus ovejas por esos caminos, cuidando que no caigan en los brazos de esos enemigos», redondeó el cura. Con ademán salomónico, concluyó: «Caros hermanos míos, lo dijo nuestro señor Jesucristo: a Dios lo que es de Dios y al César lo que es del César. Los asuntos terrenales deben ser manejados por las autoridades terrenales, sin interferencia de los pastores de la Iglesia. Entonces, caros hermanos, quien debe conversar con el desconocido que llegó a nuestro municipio es el señor alcalde, como jefe terrenal y representante de todos nosotros. Estén seguros de que yo lo apoyaré con mis bendiciones».

El alcalde, un típico alcalde de pueblo, quien hasta ese instante había dormitado, sentado en la primera fila al lado de su rechoncha consorte, saltó como un resorte. Le fulminó la sola idea de que, en frente de todos los aldeanos, el cura ordenara lo que él debía hacer o dejar de hacer, siendo la máxima autoridad por nombramiento de los jefes del glorioso partido. Por primera vez en muchas semanas, puso a funcionar sus neuronas bastante anquilosadas por falta de uso, y, así, balbuceó con mal disimulada serenidad: «Puede ser que monseñor tenga razón, pero para seguridad de todos los ciudadanos, de su persona y de la mía, como autoridad del municipio, voy a disponer que nuestra policía proceda a un operativo táctico de avanzada para conseguir información de quién es el sujeto que dijo llamarse Changó, de manera que su reverencia y yo podamos tomar las medidas del caso».

Mientras que en el silencio de su corazón el padre Anselmo agradecía el milagro a santa Eulalia, en el fondo de la iglesia se puso de pie el sargento Regueros, comandante del puesto de policía. Se puso firme con un sonoro zapatazo y pidió al alcalde permiso para hablar. Con la venia del alcalde, el sargento habló: «Salvo mejor opinión del señor alcalde, no hay razón para someter al sujeto a un interrogatorio y mucho menos arrestarlo; el sujeto está pacífico y no ha cometido ninguna infracción. Una intervención por parte de las fuerzas del orden a mi mando violaría los derechos del sujeto. Con todo respeto, esto es un asunto de la autoridad civil. Claro, con el apoyo táctico de las fuerzas del orden».

Un aire denso de desconcierto flotó por el templo. ¡Changó no tenía dueño! Lo estaban pasando unos a otros como a un balón de fútbol. Monseñor se dio cuenta de que, como estaban las cosas, la responsabilidad del asunto volvería a sus manos como una papa caliente, a menos de que surgiera una solución salvadora.

Desde el altar mayor, santa Eulalia, la patrona del pueblo, pareció guiñarle un ojo picaronamente. Correspondió con una sonrisa, respiró profundo y, alzando los brazos, exclamó: «Hermanos, la fe mueve montañas. Pongamos la solución de este problema en manos de nuestra patrona, la santa Eulalia. Todos juntos, con nuestra patrona por delante, dentro de dos semanas, que es el Jueves Santo, iremos en procesión hasta el lugar donde se encuentra el forastero. Con su protección, todo resultará bien».

La pacífica aldea perdida en las montañas, como la bella durmiente del bosque, despertó de su sueño milenario, por el influjo de las palabras del cura que delegó en santa Eulalia la fórmula mágica para liberar a la aldea de la presencia de Changó.

El alcalde declaró al municipio en estado de emergencia, ordenó la suspensión de clases en la escuela, exigió al comandante de la policía «adoptar las medidas pertinentes para conjurar el peligro», pero se abstuvo de decretar Ley Seca, pues en reunión con los dos gamonales del pueblo y con el padre Anselmo, consideró que unos cuantos anisados serían convenientes para templar los nervios y nutrir la valentía indispensable para encarar a la bestia.

Ese domingo inolvidable, la vida cotidiana de la aldea, cansina y silenciosa, se tornó bochinchosa. Había risas de curiosidad y expectativa, pululaban los chismes y los chascarrillos. La presencia de Changó había derrotado la rutina y, con la ayuda de la santa Eulalia, había convertido la ataraxia pueblerina en un improvisado carnaval.

Al margen del relato, se destaca que, desde ese momento crucial, para bien o para mal, acudieron gentes de toda la provincia, se organizaron salas de baile, puestos de juego, dos galleras y dos moteluchos de mala muerte, frecuentados por provincianos de toda la comarca que llegaban en busca de los mimos de escandalosas damiselas.

El esperado jueves, el padre Anselmo no pudo dormir en toda la noche pensando en Changó. Se devanaba los sesos tratando de adivinar quién sería en realidad el misterioso personaje por cuya causa había perdido el control de su feligresía, teniendo que apelar a la ayuda de un ser ignorante y pecaminoso como el alcalde. Sabía a la perfección que la gente se había dado cuenta cabal de que él había declinado su misión de pastor del rebaño. De otra parte, no sabía con certeza como iría a resultar la jugada de la procesión, que, como tabla de salvación, se le había ocurrido y que, ciertamente, le permitía conservar la batuta, pues, mal que bien, él era el interlocutor natural con santa Eulalia.

Despertó al sacristán y le ordenó tocar las campanas a rebato para congregar al pueblo en la plaza mayor, de donde debía salir la procesión. Desde la víspera, la imagen de santa Eulalia ya había sido colocada en las andas, así que solo era necesario esperar la llegada de los cargueros. Entretanto, se revistió con los ornamentos rojos, constató que todos los detalles estuviesen dispuestos y buscó en su breviario conjuros para desterrar a los demonios y a las almas en pena.

A las diez en punto de la mañana, el sacristán echó a vuelo las campanas y con el padre Anselmo y el señor alcalde a la cabeza, al lado de la imagen de santa Eulalia, seguidos por una gran muchedumbre, partió la procesión, hasta llegar a la piedra a la vera del camino, en la cual, plácidamente, mirando al infinito, estaba sentado.

Changó, a quien de paso le importaba un bledo el Jueves Santo, ni había tenido la oportunidad de enterarse de la existencia de santa Eulalia.

No se inmutó y ni siquiera dio una mirada a la muchedumbre, preparada para salir en desbandada, con el cura y el alcalde los primeros, dejando tirada la imagen de la santa al menor ademán agresivo del forastero. Sin embargo, la olímpica indiferencia del simio infundió tranquilidad, hasta el punto de que algunos de los presentes, los más ancianos, cansados por la marcha, se sentaron en la grama.

El cura y el alcalde intercambiaron significativas miradas de desconcierto ante el extraño comportamiento de Changó. El padre Anselmo hizo conciencia de que su hora había llegado para comenzar a actuar como el pastor que protege a su rebaño. Con un gesto, ordenó al sacristán rociar a la bestia con agua bendita, en tanto que él, en voz muy baja, comenzó a rezar un conjuro en un latín incomprensible.

Con paso lento avanzó hacia Changó y con voz temblorosa exclamó: «Quien quiera que seas, de parte de Dios o de parte del diablo, ¿qué necesitas?».

Con aterradora indiferencia, sin descender del pedestal, sin lugar para dudas, Changó sentenció: «¡Que me dejen en paz!».

El alcalde, quien hasta ese momento estaba mustio y tembloroso, se reanimó un poco con la respuesta de Changó, pues él más que nadie ansiaba una solución pacífica para el conflicto, hasta el punto de que tuvo fuerzas para exclamar: «Nosotros somos gente de paz. Queremos que haiga un acuerdo con sumercé pero, como autoridad de este municipio, le ordeno que se identifique legalmente como manda el código de policía».

Y con voz de mando: «Sargento Regueros, sírvase proceder a la identificación del ciudadano».

Las fuerzas del orden del municipio, es decir, el sargento Regueros y dos uniformados, encararon al desconocido: «Por favor, caballero, sus papeles». No tengo papeles y, si quieren, me identifico: yo soy el diablo, o Satanás o Lucifer, o como quieran que se llame el demonio».

Con voz autoritaria, el sargento Regueros lo enteró de que burlarse con mentiras de la autoridad legalmente constituida y negarse a presentar documentos de identificación, son conductas que tienen una pena de 72 horas de arresto. Changó los miró con desprecio y exhaló un resoplido tan fuerte que, como un ventarrón ciclónico, derribó al sargento y a sus policías.

Cundió el pánico: la multitud salió en desbandada, los cargueros soltaron las andas y la santa Eulalia rodó por el prado perdiendo la cabeza, quedando fuera de combate para obrar el esperado milagro.

El alcalde galopó hasta una prudente retaguardia. El padre Anselmo, al iniciar la carrera, se enredó en los ornamentos y cayó arrodillado con los brazos en alto, lo cual fue considerado por las Damas de la Legión de María como un acto heroico digno de los mártires de los primeros días de la cristiandad.

Viéndose perdido, el pobre cura optó por ejercer su profesión de la mejor forma posible para salvar el pellejo. Así, de rodillas, sin poder levantarse porque estaba paralizado por el pánico y enredado con los ornamentos, pronunció el conocido «*vade retro satan*»: «Vete con tu maldad al reino del infierno con sus llamas eternas, al tormento eterno con rechinar de dientes. *Váde retro*».

«Dejemos ya de tanta palabrería, de tantas fábulas imaginarias, de fantasías. No quisieron creerme, lo cual me importa un bledo. Créanlo o no, yo soy el diablo. No compro ni vendo almas. Para decir verdad, no tengo muy claro qué es lo que ustedes llaman alma. Estoy retirado, ya no ejerzo. Perdí mi identidad, ya nadie piensa en mí. En tiempos pasados, yo reinaba en el mundo, no por mis poderes, sino porque los inquisidores todo lo malo me lo achacaban a mí. En el mundo moderno, a nadie le importa el diablo, ni a mí mismo. Solo el padrecito Anselmo los engatusa por ignorantes con el cuento de que conversa conmigo el Viernes Santo por la tarde».

Miró con tristeza a la muchedumbre y continuó: «Vine a esta aldea por simple casualidad, como hubiera podido ir a cualquier otra; los seres humanos son iguales en todas partes, lo mismo que los párrocos, los alcaldes y los comandantes de policía. Son decepcionantes y, por eso, me pareció más digno adoptar la forma de un noble chimpancé.

Vine a nada, como cualquier burócrata pensionado, a descansar de haber hecho nada en mi existencia. El padre Anselmo me conjuró a irme a mi reino infernal, claro está, sin tener idea a donde me mandaba. Solo él sabrá dónde queda el tal reino infernal».

Todos, salvo Changó, estaban boquiabiertos. Este, pausadamente, como saboreando las palabras, prosiguió: «En ningún punto del universo está el infierno. Está en todas partes. El infierno es un dolor intenso, profundo, agobiante, desgarrador. Es parte inseparable de la existencia. Es el dolor de la ausencia». Sollozando, concluyó: «El infierno está en el corazón del género humano, y no es otra cosa que el dolor insoportable, sordo y profundo, por la ausencia eterna del ser más querido».

Sin necesidad de agua bendita, ni de conjuros, y sin que la fuerza pública tuviese que intervenir, la peluda figura del chimpancé comenzó a diluirse en la cálida atmósfera de la mañana, hasta desaparecer por completo, dejando tan solo su recuerdo para perpetua memoria y el carnaval licencioso organizado por santa Eulalia.

El noviazgo

Mi muy dilecto amigo y colega Jaime Morales Arenas ha propuesto la inteligente idea de que nosotros, sus octogenarios condiscípulos, en cambio de distraer el tiempo libre, que en mi caso es casi todo del que dispongo, en resolver intrincados sudokus o escuchar noticias catastróficas por televisión, escribamos nuestra visión sobre las mil maneras en las que ha cambiado la vida, desde las épocas de la florida juventud, hasta ahora, en nuestra muy sedentaria vejez.

Acojo tan brillante idea, pues resulta ser un excelente testimonio, como dicen los políticos, para nuestros hijos y los hijos de nuestros hijos, sobre la forma como en menos de un siglo han evolucionado las costumbres y las experiencias vitales, impulsadas por los aires impetuosos de la modernidad y la influencia incontenible de la revolución tecnológica que nos tiene caminando por el sendero de la Cuarta Revolución Industrial.

Pienso yo que no se trata de desarrollar un enjundioso ensayo sobre el tema, sino más bien de escribir sencillos y breves textos alrededor de los diferentes temas y aspectos que constituyen el diario vivir, que nos permitan compartir sin filtros, ni arandelas retóricas, ni eufemismos, nuestros propios sentimientos sobre la evolución de la existencia que nos ha tocado vivir y sobre la manera como dicha evolución nos ha forzado a cambiar nuestro propio talante para encarar el diario vivir, modificando la forma de convivir con las personas que nos rodean.

Así mismo, no se trata de establecer comparaciones que nos lleven a proferir exclamaciones tan propias de nuestras abuelas cuando, poniendo los ojos en blanco, decían: «En mis tiempos todo era mejor». Cada tiempo tiene sus propias estructuras y sus propios enfoques, sin que valga la pena entrar a calificarlos como peores o mejores. Es más bien un recuento objetivo de la evolución de esos enfoques y de esas costumbres.

No se trata tampoco de hacer un balance de nuestra propia vida que nos lleve a decir, como en el poema del filósofo alemán: «El yo que soy contempla entristecido al yo que pude haber sido, y que nunca fui».

Con estas precisiones, el propósito de este primer escrito es el de invitar a todos mis colegas a impulsar la buena idea propuesta por Jaime, para que nos sentemos frente al computador personal (no en frente de la máquina Remington como otrora) a maltratar la lengua de Cervantes escribiendo cortos artículos sobre los temas que más nos han impactado.

Para dar un buen ejemplo, me he dedicado a escarbar en el baúl de los recuerdos para desempolvar los temas que pudieran ser interesantes y sobre los cuales juiciosamente me propongo escribir. De entre todos ellos, como abre bocas, el tema del noviazgo me ha parecido interesante, pues, en verdad, todos fuimos novios y a través de nuestras hijas y nietos hemos vivido la transformación.

Fuimos novios cuando el caballero, sin pasar de la sala de la casa, conquistaba a la dama con un verso, una rosa, una mirada furtiva y un tierno beso robado. La igualdad de sexos ha cambiado esa costumbre en el sentido de que la conquista ya se ha convertido en un mutuo acuerdo «fríamente calculado», sin necesidad de poemas ni de rosas. En aquel entonces, después de la protocolaria visita, hablábamos largas horas por teléfono repitiendo las mismas frases de amor. Los novios actuales no pierden el tiempo de esa manera y, si necesitan comunicarse, lo hacen por medio de breves mensajes de texto.

Ni que decir de la ya extinguida regla del «chaperón» para salir a bailar con la novia. En mi caso, fui muy afortunado, pues el chaperón que me correspondió resultó ser un cuñado tan desjuiciado y parrandero como yo, que, así, después de dos escoceses, no se sabía quién cuidaba a quién.

¡Cómo han cambiado las cosas! En aquel entonces, el novio, después de haber adquirido valor con dos aguardientes, se reunía, con cita previa, con los futuros suegros para pedir la mano de la novia. Setenta años después, la pareja de manera informal le comunica a los suegros: «Cómo ya llevamos viviendo juntos más de dos años y sospechamos que Lupita está embarazada, hemos decidido casarnos». Un poco diferente, ¿verdad?

En un próximo futuro, escribiré más sesudamente sobre aspectos de la vida que han evolucionado con la tecnología. Aunque, para decir verdad, la tecnología también ha impactado la relación entre parejas de enamorados.

Cuando cenábamos con la novia, acariciábamos su mano con discreción y hablábamos de los dos y del futuro. Hoy en día, como he sido testigo, se sientan los dos enamorados uno frente al otro, cada uno esgrime su teléfono inteligente y no intercambian ni palabras ni miradas.

De pronto, pienso yo, hacen el amor por WhatsApp.

De las radios de tubos al WhatsApp

La primera vez que escuché un aparato parlante fue cuando mi padre, con un no muy disimulado orgullo, llegó a la casa con un radio Stromberg Carlson de onda larga y onda corta, importado de Alemania. Era un mueble de fina madera color caoba, en cuyo frontis una sedosa tela color amarillo ocultaba el vociferante parlante. En su interior, una serie de válvulas eléctricas no solo servían para el funcionamiento del radio, sino que además eran útiles para calentar el ambiente de la sala de la casa, donde mi padre lo colocó para envidia de familiares y amigos.

El radio estaba acompañado por un transformador pesadísimo, necesario debido a que los señores Samper, cuando crearon la Empresa de Energía, importaron un viejo generador de 150 voltios, instalado en El Charquito, incompatible con los productos de la industria. El problema decorativo era cómo ocultar este mamotreto, que no concordaba con la belleza estética del radio.

En la banda de onda larga, la única sin ruidos, los mayores escuchaban en familia ladrillos como la radionovela *El derecho de nacer*, prohibida para menores de edad, quienes logramos escucharla a través de las rendijas de la puerta de la sala. Escuchamos también, en «vivo y en directo», las enardecidas arengas que incitaban a la chusma a quemar y destruir cuanto estuviese a su alcance, durante los sucesos del 9 de abril de 1948.

En épocas más o menos tranquilas, el vetusto radio se convirtió en la fuente más importante de información para toda la familia, cuando mis mayores sintonizaban el radio periódico Orientación «La tribuna de la patria», dirigido por Juvenal Betancur, el hermano lobo del expresidente. La prensa escrita llegaba en la mañana con noticias viejas y, solo cuando ocurría un suceso excepcional, como el derrocamiento de Laureano Gómez, sacaba una edición especial de dos páginas en las horas de la tarde, cuando ya estábamos enterados del suceso por las ondas de Radio Santa Fe.

Pasados los noticieros, todos los miembros de la familia, a veces con gusto y en otras ocasiones a la fuerza, escuchábamos románticos pasillos interpretados en el piano por el maestro Oriol Rangel, que mi padre sintonizaba a todo volumen, particularmente los sábados en la tarde.

Yo fui causante involuntario de una tragedia familiar, cuando, sintiéndome Adolfo Pedernera y Gabriel Ochoa, pues yo era al mismo tiempo arquero y delantero, con una pelota de trapo, jugaba un solitario de fútbol, usando la puerta de la sala como portería reglamentaria, y, en una de mis atajadas, fui a parar contra el lujoso Stromberg Carlson, que rodó por los suelos, partiéndose en dos. Fue el primer preinfarto de mi padre, el cual se agravó cuando yo, picado por la modernidad, propuse: «Ya que el radio se rompió, compremos un tocadiscos».

Después de un gran debate familiar, triunfó la innovación tecnológica y la modernidad. El radio, pegado con cola, fue a parar a la alcoba paterna, y en la sala ocupó su lugar un tocadiscos-radio de mala calidad, de segunda mano, a la altura de nuestros limitados recursos pecuniarios. Esto fue por la época en que Álvaro Castaño, con unos socios selectos, puso en el aire la emisora de AM HJCK, la cual se convirtió en la tribuna de la cultura, y nos introdujo en el delicioso mundo de la música selecta.

Pasaron unos cuantos años hasta 1953, cuando el general jefe supremo Rojas Pinilla resolvió traer al país la televisión en blanco y negro, con el beneplácito de toda la sociedad. Fue una nueva conmoción familiar cuando mi padre, quien ya había archivado el viejo Stromberg Carlson, apareció con un televisor de dimensiones cúbicas, con una pequeña pantalla y una antena «orejas de conejo» que se colocaba encima del aparato y que debía orientarse continuamente para mejorar la señal. Cosa que, sobra decir, resultaba ser una labor imposible, pues cuando se lograba con grandes esfuerzos ajustar el Canal 1, los otros dos canales aparecían borrosos y con las imágenes dobles, dignas de un televidente bizco.

Un amigo tecnólogo nos aconsejó instalar en el techo de la casa una antena espina de pescado, la cual, bien orientada, nos permitiría disfrutar sin contrariedades de los novedosos servicios de televisión. Los resultados no fueron del todo alentadores, pues continuaban los mismos fenómenos ocasionados por la antena interior, con la diferencia de que, en este caso, el joven de la casa tenía que encaramarse en el techo para rotar la antena, mientras que mi padre desde tierra firme daba instrucciones. «Un poco más hacia los cerros, pero no tanto, chino pendejo, pues ahora se ve peor».

Al final de cuentas, la familia, resignada por las fallidas maromas del chino pendejo, debía optar entre el programa del padre García Herreros, patrocinado por azúcar Manuelita, que le encantaba a mi abuela, o por la muy graciosa serie *Yo y tú*, dirigida por Alicia del Carpio con un magnífico elenco de actores como Carlos Muñoz.

Por la misma época, aparecieron en Miami los radios transistores, que hacían lo mismo que el viejo Stromberg Carlson de mi padre, pero sin tanto mueble de madera y con mucho menos ruido. Cuanto afortunado viajero pasaba vacaciones en los Estados Unidos, regresaba al país trayendo como novedad para regalar a la mamá o a la novia uno de estos aparaticos, con el temor de que se los quitaran en la aduana.

La gran penetración del radio llevó entonces a la aparición de las grandes cadenas radiales que de manera comercial abrieron la competencia programática y noticiosa, relegando a Orientación a un segundo plano. Al mismo tiempo, se introdujo, después de muchos debates tecnológicos, la televisión en color que mandó al archivo los viejos aparatos de blanco y negro, con la satisfacción entendible de la industria, abriendo al mismo tiempo la competencia para la asignación de canales privados, a los que accedieron, por razones naturales, los mismos grupos que dominaban las cadenas radiales, movidos por los avances de la tecnología y aprovechando la apertura de los sectores estratégicos, como el de las comunicaciones en general.

Dentro del mismo ambiente de apertura, llegaron al mercado los proveedores de televisión por subscripción utilizando redes de cables de VHF, lo cual, hay que reconocerlo, implicó cuantiosas inversiones. Aprovechando la capacidad de esta nueva plataforma, se ofrecía a los usuarios un buen número de canales de televisión internacionales y nacionales, con la participación, claro está, de los canales privados de televisión por aire.

Con redobladas inversiones, los proveedores, que habían sobrevivido a la competencia, remplazaron por cables de fibra óptica las anticuadas redes de VHF.

El curso de esta historia, de la que forma parte el importante capítulo de la telefonía móvil celular, se quebró abruptamente con el advenimiento del Internet, la red de redes, que surgió de manera natural y espontánea, sin obedecer a una planificación formal, y dejando rezagados a los entes regulatorios de los organismos internacionales y de las administraciones nacionales.

Durante los primeros años de operación de Internet, el acceso por redes de cobre de las empresas telefónicas se efectuaba por líneas conmutadas, con muy baja velocidad y capacidad, hasta que estas empresas optaron por instalar unos dispositivos que permitían conexiones permanentes con mucha mayor capacidad. Los principales usos eran entonces el correo electrónico y la consulta a páginas web especializadas.

Sin embargo, esta incipiente aparición del Internet, en el transcurso de unos pocos años, fue el origen de la más radical transformación de las industrias de las telecomunicaciones y de la informática, afectando tecnológica, institucional y comercialmente a fabricantes de equipos, proveedores de servicios, medios de comunicación radiales y escritos, y entes de regulación a nivel mundial.

Este fenómeno, al transformar drásticamente los sectores de las telecomunicaciones y de los medios de información con el soporte de los sistemas de acceso de gran capacidad, como los celulares de cuarta generación y la fibra óptica hasta el hogar, además de la proliferación de las más diversas aplicaciones informáticas, modificaron hasta las raíces las costumbres, las maneras de vivir y el diario acontecer de toda la sociedad.

Este quiebre de la historia generó, al mismo tiempo, una profunda brecha generacional, entre los adultos del siglo pasado, que solo usábamos el teléfono para conversar, y las nuevas generaciones, esclavas de múltiples aplicaciones informáticas en su vida cotidiana, quienes utilizan el teléfono inteligente hasta para dormir.

Este nunca soñado mundo abrió una caótica competencia entre los diferentes proveedores de medios y servicios, en medio de la cual los usuarios navegan sin rumbo, movidos al azar por los vientos incontrolables del mercado con toda su carga de publicidad desmedida. Así, por ejemplo, la tradicional larga distancia se vio desplazada por la telefonía celular con sus servicios de *roaming*, pero esta, a su vez, debe subsistir cada vez más precariamente, ante las facilidades de intercomunicación de las redes sociales y de aplicaciones como Vonage, Skype y WhatsApp.

Los medios de información tradicionales cedieron la inmediatez de la noticia ante la proliferación de noticieros internacionales, de los blogs, y se vieron forzados a lanzar sus páginas web y difundir sus ediciones de forma digital. Como si fuera poco, los proveedores de televisión por cable enfrentan la amenaza de aplicaciones como Netflix, que ofrecen al público con acceso al Internet los más variados menús de películas y documentales.

Todo lo anterior acontece en medio del debate en foros y academias sobre el impacto que esta nueva manera de comunicarse e informarse va a tener en la cultura, conducta social y la educación de las nuevas generaciones.

En este nuevo universo, los radios de mueble elegante que adornaban las salas, como el Stromberg Carlson de mi ya difunto padre, pasaron a la historia y solo pueden verse en uno que otro anticuario. Los radios portátiles de transistores son rara vez usados, tal vez por algunos celadores y uno que otro madrugador que escucha las noticias mientras que se afeita. Igual suerte corrieron los aparatosos teléfonos negros de disco, las elegantes radiolas y los televisores en blanco y negro.

Así como también vamos pasando a la historia los octogenarios soñadores, y los pasillos interpretados en el piano por el maestro Oriol Rangel.

Reuniones internacionales

Las reuniones de trabajo, asambleas, foros y conversatorios auspiciados por los organismos internacionales, con la participación de muchísimos delegados de diversos países, han evolucionado también con el pasar de los años al ritmo de los avances tecnológicos y del creciente sentimiento de frustración multinacional por la sofisticada ineficacia de dichas organizaciones a la hora de evaluar resultados con el paso del tiempo.

Para ambientar este tema, debo referirme a lo sucedido en el área de las telecomunicaciones y de la informática, a la cual estuve —y continúo estando— vinculado, lo que me obligó a ser actor en organismos relacionados que no vale la pena enumerar. Ofrezco disculpas por personalizar el tema, pero, por mis conversaciones con colegas vinculados a otros sectores, puedo asegurar que mis memorias y comentarios pueden hacerse extensivos a todos los organismos de las Naciones Unidas y de la Organización de los Estados Americanos.

A mediados del siglo pasado y en los años subsiguientes, las tecnologías relacionadas con las telecomunicaciones y la informática asombraron al mundo con una sorprendente explosión, comparable a la ocasionada por el advenimiento de las máquinas de vapor. La digitalización y la nanoelectrónica fueron la chispa que originó esta explosión.

Los vetustos teléfonos de magneto fueron desplazados a los museos por el advenimiento de los dispositivos móviles celulares, que, con el tiempo, se han convertido en pequeños aparatos inteligentes multifuncionales. Las redes telegráficas que llegaban a los más remotos puntos de la geografía pasaron al olvido con la llegada de las redes de transmisión de datos de altísima capacidad, las cuales, enlazadas de manera natural, dieron origen a la red de redes que hoy llamamos Internet, sobre la cual fluyen paquetes de voz, datos y multimedia en cantidades astronómicas.

Las redes de microondas y los sistemas satelitales y los cables de fibra óptica terrestres y marítimos son el soporte físico de estas redes globales.

El soporte lógico es provisto por una nube global de potentes procesadores que se entienden entre ellos con un idioma común, denominado protocolo IP.

Los promotores, gestores y desarrolladores de estos cambios trascendentales fueron, por razones obvias, los miembros de la industria de los países desarrollados, básicamente los Estados Unidos, la Unión Europea y Japón, ante el despistado asombro de los gobiernos del tercer mundo, que ignoraban qué hacer o para dónde coger, con un burocrático despiste. En ese momento de caos mundial, las oficinas especializadas de los organismos internacionales adquirieron el preponderante papel de árbitros, consultores y centros de ilustración.

Proliferaron, entonces, las reuniones en los organismos internacionales, en las cuales la voz cantante estaba a cargo de los miembros de la industria que se peleaban por catequizar a los delegados de los gobiernos y de las empresas, no solo con toneladas de documentos que destacaban las bondades de sus propias tecnologías, sino con fastuosas cenas al cabo de cada día de reunión.

Curiosamente, en casi todos los países del hemisferio, los ministerios y los reguladores del sector, dieron muy poca participación a las empresas nacionales de telecomunicaciones en estos eventos internacionales, a pesar de que estas empresas, como Telecom, en Colombia, fueron las pioneras del desarrollo, alineándose, a pesar de muchos tropiezos, con los avances tecnológicos, haciendo honor al merecido eslogan: «Telecom une a los colombianos y a Colombia con el mundo», el cual se ha esfumado en el tiempo y solo permanece en la memoria de unos cuantos octogenarios sentimentales con afecto y gratitud.

Vale la pena mencionar que, en aquellas reuniones, en especial las delegaciones de los países latinoamericanos, estaban presididas por el ministro del ramo, quien asistía solo a las sesiones de inauguración y de clausura y a las opíparas cenas al final del día, pues el resto del tiempo debían dedicarse a estudiar y analizar acciones para el desarrollo turístico de su país, tema en el cual, tan pronto como accedían al gobierno, se sumergían sesudamente.

A pesar de que el objetivo de estas reuniones era ambientar la implementación de las nuevas tecnologías digitales, su desarrollo giraba alrededor de toneladas de papel con originales en dos idiomas y copias en mimeógrafo. A cada delegado, el día de la inauguración se le asignaba un casillero en el cual encontraba un cerro de documentos, metódicamente numerados de acuerdo con la agenda del orden del día. Durante el desarrollo de las sesiones y de acuerdo con las observaciones y correcciones, en el casillero iban apareciendo los mismos documentos pero con la nota Rev 1, Rev 2, Rev N. Al final del día, el pobre delegado estaba abrumado por el peso de tanto documento, que se suponía debía revisar en su alcoba después de los cinco escoceses que se tomaría con los miembros de la industria durante la opípara cena.

Al siguiente día, se repetía la escena anterior, con la diferencia de que la mayor parte de los delegados, entre otras cosas, para poder abrazar a los amigos, habían dejado los cerros de papel en la habitación del hotel, con la simple determinación de asistir a la reunión para escuchar, entre comillas, las disertaciones de los gurús de la industria o de los delegados de los gobiernos de los países desarrollados.

Con una tremenda jaqueca y acabando de almorzar, era difícil para los delegados seguir el hilo de las conferencias. Al respecto, hay una anécdota simpática y verdadera: un delegado argentino malintencionado resolvió intercalar un exabrupto en medio de su charla: «Todos ustedes son unos tontos». ¡Nadie protestó y al final todos aplaudieron!

De todas maneras, dadas las circunstancias de la profunda transformación y de la innovación de las telecomunicaciones y la informática en ese momento, a pesar de todas las deficiencias y limitaciones, las reuniones de trabajo cumplieron un papel importante. Con el apoyo de su industria, los gobiernos de los países desarrollados presentaban a la consideración de los «distinguidos delegados», como solían llamarnos, documentos técnicos estratégicos, orientados a la captación de los incipientes mercados.

Después de varias sesiones de cabildeo, el documento se transformaba en una «recomendación», con lo cual se evitaba la crítica de imperialismo por parte de los gobernantes de izquierda. Eran solo recomendaciones que a la larga eran adoptadas por los gobiernos, en cabeza de las empresas nacionales, estableciendo así un relativo ordenamiento del sector, especialmente en lo relativo a la administración del espectro radioeléctrico, fundamental para todas las aplicaciones móviles.

Ahora en el siglo XXI, unos cuantos años después, el escenario es diferente. Las empresas nacionales fueron privatizadas, para bien o para mal. No lo sabemos todavía. Los servicios tradicionales, gracias a los desarrollos tecnológicos, fueron remplazados por aplicaciones de multimedia, prestadas por organizaciones multinacionales globales que, mancomunadamente con la industria global, deciden en sus sedes los futuros desarrollos y el futuro mismo de las tecnologías. En los diferentes países, ya no se analiza ni se decide el futuro, solo se implementa, se comercializa y se libra una aguerrida competencia con el arbitraje de los reguladores.

Así las cosas, los gurús de la industria ya no asisten a las reuniones internacionales y, por lo mismo, ya se acabaron las cenas fastuosas a cambio de las cuales se ofrece un modesto cafecito con galletas en el descanso de la tarde, si es que algo se ofrece. En tales reuniones, finalmente, irrumpieron la tecnología y la modernidad, acabando para siempre con los casilleros para cada uno de los distinguidos delegados y con los cerros de papelería, los enjambres de digitadoras y los mimeógrafos. Cada sala de reuniones tiene un Wi-Fi que permite el acceso permanente al servidor de la conferencia y al Internet.

Como cualquier ciudadano normal y corriente, cada delegado tiene su propia tableta o su propio computador personal. Pasado el frugal almuerzo, se congregan en la sala de reuniones, encienden su dispositivo personal y, en tanto que un conferencista de segunda diserta sobre un tema de regular trascendencia, unos consultan su correo, otros navegan buscando las últimas noticias y una gran parte, como me consta por haberlos visto, pasan el tiempo resolviendo un solitario de naipes.

Tragicomedia del profesor Bermudo Bermúdez

Conferencia magistral del profesor Bermudo Bermúdez

Pensando en mis pensamientos, ya entrada la madrugada, sin poder cerrar los ojos, comencé a soñar un sueño, que bien pudo ser pesadilla, si no hubiera estado tan seguro de que me hallaba despierto. Pues tan despierto estaría que el dolor en una pierna me estaba haciendo ver candela y candela de la buena.

Era un adusto salón donde todos parloteaban, manoteaban y meneaban la cabeza, sin entender lo que hablaban, lo cual no me extrañó, pues eso es normal en todos los eventos académicos.

Como estaba desvelado, me pareció tontería ser tan solo espectador de este simpático sueño, así que, asumiendo el talante de un hombre importante y sin pensarlo dos veces, a pesar del dolor de mi pierna, entré al salón, cual si fuera un invitado a ese jolgorio.

Divagué de corrillo en corrillo para enterarme de qué hablaban, indagando la razón de esa tan asistida reunión y de por qué discutían tan acaloradamente. Para mi mala fortuna, como todos hablaban al mismo tiempo, y, además, porque de viejo me estoy quedando sordo, nada podía sacar en claro.

Cuando ya me encontraba a punto de tirar la toalla, vi de pronto un corrillo en el que solo un vejete hablaba y los demás lo escuchaban con la boca muy abierta, escurriéndole las babas.

Parecía ser el más docto por la manera de disertar con afectada prosopopeya. Se trataba de un personaje regordete, calvo hasta las orejas, con los cachetes rosados y la nariz puntiaguda. Soltaba su discurso paladeando cada palabra, como si con placer degustara su sabiduría.

Cuchicheando con un contertulio pude enterarme de que se trataba del profesor Bermudo Bermúdez, doctor en semiótica y escatología, además de ostentar un título *honoris causa* en Gramática Analítica del sánscrito arcaico. Pude, entonces, comprender por qué nadie de la audiencia emitía palabra alguna, esto es, ninguno de los contertulios tenía ni la más remota idea del campo de sabiduría al que se referían estas misteriosas especializaciones de don Bermudo y, claro está, mucho menos entendían de lo que estaba disertando, como bautizó el maestro León de Greiff, en un hiperbólico cuasi mentir.

Conversando *soto voce* con el mismo chismoso, me enteré de que estaban en un receso de la asamblea anual de la Asades (Asociación de Sabios Despistados), durante la cual, como punto culminante, el profesor Bermúdez iba a dar una charla magistral, registrada en la agenda de la reunión como «Implicaciones psicopatológicas de la vida y la muerte en el comportamiento sexual de los mamíferos».

Como, al fin y al cabo, yo no estaba invitado, sino que era solo un intruso que por artificio de un sueño se encontraba, sin ser sabio, metido en esa reunión, decidí abrir bien los oídos para enterarme de primera mano de los argumentos del profesor Bermúdez, quien ya estaba rematando su perorata, pues ya casi era la hora de dar solemne inicio a la plenaria final, durante la cual él estaba agendado para ser el orador de fondo sobre el tema ya mencionado, ante todos los sabios miembros de la academia, figuras del gobierno, del cuerpo diplomático, de la radio y la prensa y de todos los noticieros de la televisión.

Entonces caí en cuenta, escuchando su discurso, de que el bueno de don Bermudo, saboreando un *whisky* doble, le estaba narrando a sus embobados oyentes, con vanidad de viejo, todos los trucos que ingenió su sabia mente y las peripecias que tuvo que hacer para mandar a su esposa todo un fin de semana a retiros espirituales, solo para señoras, para él escaparse con una rubia despampanante a las playas de Aruba y allí serenamente, sin ser interrumpido, estructurar su charla magistral.

Es fácil caer en cuenta de que todos estaban embobados escuchando a don Bermudo, no por la profundidad y seso del tema que él exponía, sino por el morboso placer de envidiar las eróticas proezas de un viejo sexagenario.

La charla se suspendió por el anuncio de que la sesión plenaria ya estaba por comenzar. Los sabios se dispersaron y casi al trote se dirigieron al aula máxima, donde ya esperaba ansiosa la selecta y nutrida concurrencia. Don Bermudo, a paso lento, se puso a la retaguardia, cabizbajo y pensativo. Todos los sabios pensaban que el profesor Bermúdez, mientras andaba despacio, en su mente portentosa precisaba los últimos detalles de las sabias conclusiones de su charla magistral.

Sin embargo, estaban totalmente despistados. El bueno de don Bermudo se encontraba en un aprieto. El aprieto era mayúsculo por cuatro muy buenas razones.

Para comenzar, era consciente de que estaba alicorado, pues, durante la exposición del periplo por Aruba, se entusiasmó demasiado y, entre aventuras y anécdotas, se empacó seis *whiskys* dobles. Su esposa le había advertido en infinidad de veces: «No trates de hablar, Bermudo, cuando hayas bebido trago, porque se te enreda la lengua y confundes las ideas, y así, sin que te des cuenta, acabas hablando pendejadas».

Otra razón muy de peso era que, a pesar de tanto título, como suele suceder tanto a sabios como a políticos, él no dominaba los temas de su docta conferencia, pero, con astucia y palabras complejas y rimbombantes, solía salir airoso en sus disertaciones. En esta oportunidad, como estaba alicorado, la situación era diferente y temía meter la pata.

Por otra parte, es de imaginar que, cuando preparaba sus conferencias con unos días de antelación, como ya dijimos, hilvanaba palabras grandilocuentes, frases de cajón y plagios de diferentes autores y colorín colorado, todo quedaba preparado. No era el caso de esa tarde. No hay que ser muy sagaces para adivinar que durante un fin de semana en Aruba, al lado de la rubia bien dotada, ni un segundo le quedó al buen hombre para entregarse a preparar la conferencia.

Finalmente, don Bermudo tenía una razón de más fondo para estar muy preocupado. El domingo en la noche, al llegar al aeropuerto, el profesor Bermúdez, derrochando testosterona, aprovechando que la esposa estaba en Fusagasugá visitando a la mamá, había concertado un encuentro con la rubia, cuyo nombre era Pascuala, el mismo día y a la misma hora de la asamblea general de Asades, para cenar en un buen restaurante y después, en un discreto motel, degustar el bajativo. Pascuala, que no era tonta, hacía unos pocos minutos le había enviado un mensaje de texto anunciándole que iba en un taxi al lugar del evento para encontrarse con él.

¿Cómo salir de este aprieto? Se estrujaba la mollera, bastante chispón y confuso el bueno de don Bermudo. Como caída del cielo surgió una brillante idea. La analizó un momento, saliendo del letargo en el que se encontraba, irguió la calva cabeza y, con paso firme y resuelto, al podio se dirigió campante.

Pasadas las presentaciones de rigor, el profesor Bermúdez subió al estrado y, con micrófono en mano, comenzó su perorata: «Distinguidos asistentes, he meditado largamente sobre los frutos que debemos lograr de esta importante asamblea. Tengo la convicción de que debemos innovar la mecánica de las reuniones magistrales. En vez de que yo, sin duda como el más docto en la materia, me dedique a disertar sesgando sus opiniones, es mucho más fructífero y democrático organizar un foro abierto. Cada uno de ustedes, ilustres colegas, expresará sus puntos de vista y, para evitar que yo los influencie, el profesor Matallana actuará como moderador. Estaré tomando nota, sacando a luz conclusiones, que distribuiré por correo, para que sirvan de tema de fondo de nuestra próxima reunión».

Hubo una salva de aplausos. En ese mismo momento, hizo aparición Pascuala en la puerta del salón, llamándolo con la mano, lo que atrajo la atención de toda la concurrencia. Bermudo explicó con serenidad: «Es la doctora Cutiño, quien ha viajado del Brasil buscando mi asesoría respecto a un tema delicado, muy distinto del que aquí nos ocupa. Debo atenderla en una sala contigua y, al punto, regresaré».

Envalentonado con el éxito de su teatral intervención, don Bermudo remató: «Respecto al tema de la conferencia, quiero que ustedes analicen un par de inquietudes. Antes de entrar en implicaciones psicopatológicas, se debería precisar, sin caer en eufemismos, cuáles son los sutiles enlaces entre la vida, la muerte y el comportamiento sexual. Son temas muy delicados, difíciles de conceptualizar. En verdad son eventos efímeros, que nos atañen a todos, a mí, a ustedes y a todos los cuadrúpedos. Vistos ante la eternidad, son accidentes fortuitos, son pura casualidad que surge impensadamente, como estornudos de Dios».

La ovación fue atronadora, aunque, en verdad, nadie, ni el mismo profesor Bermúdez, entendió lo que dijo como sabia meditación final. Esa era precisamente su intención.

En medio de aplausos y parabienes, con la cabeza erguida y los cachetes más rojos que nunca, el profesor Bermudo Bermúdez desfiló por el pasillo, saludando con las manos en alto. Llegó hasta la puerta del salón, donde esperaba la doctora Cutiño, mejor dicho, Pascuala, y, tomándola gentilmente por el brazo, hizo mutis por el foro, sin importarle un higo la histeria de la ilustre concurrencia.

La amistad de Bermudo y Clodomiro

El doctor Clodomiro Valenzuela y Alcalá de Henares fue, desde su estado fetal, un aristócrata de pura sangre con un envidiable pedigrí. Desde la madrugada en la que sus nobles ojitos vieron la primera luz, fue un chiquillo llorón, pataletudo y encantadoramente antipático, virtudes que se acrecentaron con el paso de los días, gracias a los mimos de don Aristóbulo y doña Clodomira, sus padres, quienes orgullos se ufanaban de que estos eran, sin discusión alguna, signos de una inteligencia superior. «No ha nacido el primer Valenzuela bruto», pontificaba don Aristóbulo, cuando departía con sus amigos, en medio de los chillidos insoportables de Clodomiro.

Doña Clodomira terciaba entonces en la conversación, con la aristocrática sencillez que había aprendido de sus padres, pero que en ella sonaba más a pedantería: «Aristóbulo, querido, no dudo de la inteligencia de los Valenzuela, pero no olvides que el linaje de los Alcalá de Henares, desde mi tatarabuelo, quien fuera escribano del rey, ha brillado por la elegancia y la inteligencia de todas sus ramas. Nuestro Clodomirito es como un retrato de su bisabuelo, que fue nada menos que oidor de la Real Audiencia». Querida —interrumpía don Aristóbulo— jamás he dudado de tus abolengos. Mas, para no cansar a nuestros invitados, cerremos por ahora el tema, poniendo en claro, eso sí, que un hijo mío no puede ser bruto».

Clodomiro reinó como un monarca durante su infancia y su adolescencia. Como cualquier monarca, fue irresponsable, vanidoso, egoísta y voluntarioso. A los dieciocho años, tenía en su haber toda clase de pilatunas, desde cortarle la cola al gato y embadurnar los muebles de la sala con los maquillajes de su mamá, hasta haber embarazado a la cocinera. Todos estos desmanes los soportaban sus padres con estoica paciencia, salvo en el caso de la cocinera, cuando don Aristóbulo tuvo que echar mano a su faltriquera, siempre rebosante de billetes, para arreglar el entuerto.

«Mira, viejo —le dijo don Aristóbulo al ministro de defensa, el general Epaminondas Rubio—, este muchacho, que tiene un brillante futuro por su gran inteligencia, necesita un poco de disciplina. Piensa que muy pronto tendrá que tomar las riendas de mis negocios agropecuarios. Ayúdame a meterlo al cuartel por un año, pero, eso sí, que, considerando su clase, no lo vayan a mandar al monte a lidiar con la chusma».

En menos de lo que canta un gallo, el cadete Clodomiro Valenzuela, con un flamante uniforme, oficiaba como ayudante personal del comandante del batallón de la guardia presidencial, avalado por una carta del ministro en la que solicitaba que se le asignaran labores a la altura de su inteligencia y clase social.

Para Clodomiro, el reclutamiento fue tan afortunado como fue, para los españoles, la muerte del generalísimo. Se liberó de los cuidados y mimos de la señora Clodomira, quien casi que le impedía respirar para evitar la contaminación con virus y bacterias, así como de las peroratas de don Aristóbulo sobre su futuro brillante como vástago que era de dos ilustres genealogías.

Mucho tiempo después, Clodomiro recordaría con regocijo la noche en que, estando de servicio, conoció al cadete Bermudo Bermúdez. El hecho es que el comandante se vio forzado a imponerle, como castigo, prestar servicio de centinela durante una noche, en la garita sur del comando. Sucedió que el angelito se las había ingeniado para escribir una carta en la máquina de escribir de la comandancia, en la cual su padre le solicitaba al coronel dar una semana de permiso al cadete Valenzuela para que le colaborara en los cuidados de doña Clodomira, quien se encontraba postrada con una pulmonía doble. Estampó lo mejor que pudo la firma de don Aristóbulo y se la entregó al comandante.

Conforme con su destino, Clodomiro entabló conversación de inmediato con el recluta Bermudo Bermúdez, su compañero de guardia en la garita, y orgulloso como estaba de sus andanzas, financiadas con las jugosas mesadas que semanalmente recibía de su padre, lo enteró con detalle de las juergas dionisiacas de su última escapada, que remató con el castigo que ahora cumplía.

Muerto de risa, le contó a Bermudo que cuando regresó al cuartel, bastante maltrecho, se encontró con la sorpresa de que en el despacho del comandante lo esperaban don Aristóbulo y doña Clodomira, con rostros de funeral. Ella bañada en lágrimas con un ataque de histeria y su padre como un miura, enfurecido por la deshonra familiar.

En efecto, dos días después de que Clodomiro hubiera salido con permiso, el comandante llamó con cortesía a don Aristóbulo para indagar por la salud de su esposa y se quedó frío con la respuesta: «Coronel, me parece que usted está confundido, pues mi esposa goza de una envidiable salud».

El cadete Bermudo Bermúdez se divirtió hasta más no poder con las historias de Clodomiro, pues él también era experto en enredarse en aventuras, aunque de mucho menor vuelo, ya que su padre, económicamente, lo tenía sitiado.

Don Bermudo del Carmen, su progenitor, había nacido en un modesto hogar de clase media, huérfano de padre y madre desde la infancia, logró graduarse como farmaceuta. Casi al mismo tiempo, contrajo matrimonio con Carlota Quinche, costurera remendona, regordeta y desgarbada, de la que heredó Bermudito su muy poco apolínea figura.

Con mucho tesón y trabajando de sol a sol, ahorrando los pesos y los centavos, la pareja atesoró un bonito capital, que a su muerte heredaron a su único hijo, Bermudito, quien por un milagroso proceso de metamorfosis se convirtió en el ilustre profesor Bermudo Bermúdez.

En la época en que Bermudito conoció a su lanza Clodomiro, su vida era como una nave al garete. Era un joven desgarbado, sin ningún atractivo, con una nariz ganchuda y mejillas sonrosadas. Fantasioso por naturaleza, soñaba con ser un Romeo enamorado, pero ninguna Julieta correspondía en lo más mínimo a sus requiebros, lo que lo llevó a saciar sus amorosos bríos pagando para poder pecar cuando lograba, sigilosamente, asaltar la registradora de la farmacia de su padre.

Para escapar a la severa vigilancia de don Bermudo del Carmen, se inventó un grupo de Scouts con el que cada quince días debía participar en jornadas nocturnas de supervivencia. Sobrevivió gracias a los antibióticos que a hurtadillas sacaba de la farmacia.

De todo eso se enteraba Clodomiro, un tanto impresionado, por el estilo grandilocuente del discurso de Bermudo, quien con encomiable fluidez entrelazaba palabras rimbombantes y rebuscadas, asumiendo poses de orador en el senado de la República. Hay que tener presente que, desde niño, Bermudo demostró poseer una increíble fluidez oratoria, aunque por lo general solo profería barrabasadas sin mayor sentido.

Era un pésimo estudiante que se especializó en segundo de bachillerato, pues lo repitió tres veces, hasta que su padre desconsolado resolvió mandarlo a prestar servicio militar, gracias a su vieja amistad con el jefe de reclutamiento, a quien le vendía, por debajo de cuerda, medicamentos prohibidos.

En el colegio, por su bajo o, mejor dicho, nulo rendimiento, por lo general lo dejaban castigado después de la salida, sentado en un pupitre de la biblioteca, haciendo ejercicios de aritmética. Los hacía a la carrera, bien o mal, no le importaba, pues en esa biblioteca encontró su verdadera afición intelectual: leer sin mucho entender, de manera desordenada, sin método alguno, fragmentos de libros de filosofía, de los que extraía y copiaba en su cuaderno párrafos, frases y palabras extrañas.

Se robó de la biblioteca un libro de sinónimos y antónimos que se convirtió en la fuente de su sabiduría, y aprendió de memoria palabras desusadas para las cosas más simples, que utilizaba en sus enredadas peroratas, suscitando la admiración de sus padres y condiscípulos, pero no así la de sus pretendidas damiselas, ya que, en cuestiones de amoríos, es más eficiente ir al grano llamando pan al pan y al vino, vino.

Sería ya la medianoche cuando Clodomiro interrumpió el coloquio para invitar a Bermudo un a traguito de ron de una botella que él había camuflado en unos arbustos muy cerca de la garita. «Nos vamos a morir de frío y además usted con esa garladera tiene que mojar el gaznate». Sin pensarlo dos veces, los cadetes Valenzuela y Bermúdez, de dos sorbos, se bajaron media botella de ron y, entusiasmados y refocilados, sin importarles el frío y mucho menos la vigilancia del batallón, reasumieron el palique.

«Mire, lanza Bermúdez, usted está jodido en el colegio repitiendo todos los años las mismas majaderías, creo que por vago, pero no por bruto, ¡que de bruto no tiene un pelo! Con su palabrería, puede meterse a la política y engatusar a medio mundo. Lo veo de embajador o de senador o, qué carajo, de presidente, echando sus peroratas».

Tras de meterse otro trago, Clodomiro continuó: «Yo soy más vago que usted, pero tampoco soy bruto. Dígame, si no es así, como se puede explicar que con lo vago que soy, terminé el bachillerato y oiga bien, lanza Bermudo, ¡con premio al mejor estudiante!». Bermudo, casi borracho, lo increpó por mentiroso, pero Clodomiro, con una risa burlona y un tono confidencial, le explicó que solo hizo lo que todos hacen en las dependencias públicas: con un poquito de astucia, en parte con dinero y en parte con galanteos, logró que una secretarita, de manera rutinaria, le entregara copia de las preguntas, un par de días antes de los exámenes. «Ya se imagina, mi lanza, mis notas sobresalientes».

Como fue lo natural, escurrieron la botella hasta la última gota. Entre risas y chascarrillos, se juraron amistad eterna y sin saber cómo ni cuándo, se dedicaron a roncar plácidamente, como si el piso de la garita fuera un suave colchón de plumas.

Antes de caer fundidos, Bermudo tuvo fuerzas para hacer reír a Clodomiro, con un hecho anecdótico en el colegio, cuando cursaba segundo de bachillerato por primera vez. Estando en clase de geografía, a Bermudo se le iba a reventar la vejiga y no tuvo otro remedio que interrumpir la cátedra, alzando la mano. «Profesor Landínez, debo dirigirme al mingitorio por una urgente micción». El profesor nada entendió y regañó a Bermudo: «Joven, no sea irrespetuoso. Su única misión urgente es dejar dictar la clase y estudiar geografía». Sin más consideraciones, continuó la clase, al final de la cual los pantalones de Bermudo estaban empapados por completo, en medio de las carcajadas de todos los condiscípulos. El profesor, muy molesto, hizo llamar al rector. Vinieron las explicaciones, y, al final, tuvo que aceptar bastante amoscado la gran diferencia entre micción y misión.

No fue el trino de las aves ni el canto de los gallos lo que despertó a los jóvenes cadetes esa inolvidable madrugada. Fueron los gritos estridentes, típicos del universo castrense, del sargento Firavitova, los que los sacaron de su sueño angelical. Además de proferir sin cesar gritos indignados, el sargento los jaloneaba de las chaquetas para que se incorporaran. Finalmente, militar de armas tomar, el sargento Firavitova, con un baldado de agua helada, logró retornarlos a la vida y, sin más decir, casi a rastras, los llevó al despacho del comandante.

El coronel se paseaba por su despacho como un tigre enjaulado cuando aparecieron en la escena el sargento y dos piltrafas somnolientas y empapadas. El coronel bramó: «¡Firmes!». El sargento gritó: «¡Permiso para hablar, mi coronel!». En efecto y con el permiso del coronel, el sargento Firavitova habló y lo puso al tanto de la novedad de la borrachera de los dos cadetes durante el servicio de vigilantes en la garita sur del comando. Los reos esperaban resignados una tempestad, pero, en cambio, el coronel ordenó formar a todo el batallón en la plaza de armas de manera inmediata.

En realidad, el coronel estaba ganando tiempo para pensar en la forma de proceder. Sin lugar a dudas, tenía que imponer un castigo ejemplarizante, en especial a Valenzuela, por la falsificación de la carta, pero, al mismo tiempo, temía que el empingorotado don Aristóbulo se molestara y fuera a quejarse al ministro de guerra o al mismísimo presidente por castigos exagerados a su bebé, lo cual podría atravesarse a su acenso a general.

Formado todo el batallón en la plaza de armas, el coronel, acompañado por el sargento y por las dos piltrafas humanas, tras los saludos militares de rigor, los puso a discreción e inició su arenga. No tenía claro qué decir. Decidió irse por las ramas. Habló de la majestad de las fuerzas militares, de los próceres, del respeto a la patria y de las gestas libertadoras. Concluyó: «Estos dos cadetes han profanado el honor de nuestro glorioso batallón y, sin que me tiemble la mano, debo darlos la baja, pero antes deben pagar un castigo ejemplarizante: 72 horas de arresto a pan y agua, en calabozos separados. Batallón, romper filas. ¡Mar! ¡Viva Colombia!»

Con la alegría de la baja saltando en el corazón, Bermudo y Clodomiro, a sendos calabozos fueron a parar. Más que pan, ansiaban tener agua para calmar la resaca.

Como dijera un escritor del centenario, «en más de una ocasión, sale lo que no se espera», así sucedió con el par de cadetes, que, sin haberse puesto de acuerdo, cada uno en su calabozo, con dieta de pan y de agua, cada uno con sus propios problemas, sus propias preocupaciones y manera de pensar, resolvieron cambiar el rumbo de sus vidas, ya liberados del cuartel.

Clodomiro vio la hora de hacerle ver a don Aristóbulo la conveniencia de mandarlo a Europa para continuar sus estudios y cultivar su cultura artística, heredada de sus muy rancios ancestros.

Bermudo, por su parte, no tenía tan claro el panorama. Sabía que era ignorante, pero bien documentado y que, además, con sus innatos dotes oratorios, podría engatusar a cualquiera. Los elogios de Clodomiro, casi borracho, en la garita, le alimentaron el ego, hasta el punto de que, en el frío calabozo, afianzó la firme convicción de que Nuestro Señor lo había enviado a este mundo para premiar a sus congéneres con la sabiduría de un pensador, sabio y filósofo. Solo faltaba convencer a don Bermudo del Carmen de las ventajas para la familia de no perder su inteligencia en un colegio cualquiera, estudiando tonterías como religión o aritmética, poniéndolo a él, como su único hijo, al frente de los negocios farmacéuticos, lo que le brindaría la oportunidad de un justo descanso, después de tantos años de lucha y de haber enviudado de la señora Carlota. Él, al frente de las droguerías, introduciría técnicas modernas de administración y mercadeo y podría dedicar el tiempo libre a su verdadera vocación, que no era otra que los estudios de filosofía. Repasó mentalmente la estrategia, se aplaudió y esperó con paciencia la terminación del castigo.

Con sus bártulos al hombro, los dos nuevos amigos, sin decir adiós ni hasta luego al personal militar, cruzaron el portal del batallón, dejando atrás la milicia que de nada les sirvió. Se sentaron en el andén, riéndose a carcajada limpia del batallón, del teniente, del pendejo coronel, de la patria y de la bandera y, por qué no decirlo, de Bermudo del Carmen y de Aristóbulo, que buscaron soluciones metiéndolos al cuartel.

Ya cansados de reír, prometieron conservar esa amistad concebida a medianoche en la garita del batallón de guardia presidencial, tema que dio pie a Bermudo para una confusa perorata que ni siquiera él entendió, mucho menos Clodomiro, quien, con mayor pragmatismo, abrazando a Bermudo, dijo simplemente: «Lanza Bermúdez, seré su amigo hasta la muerte. Repito lo que le dije, usted va a ser ministro, o senador, o presidente. Téngalo por seguro, Bermudo, a usted lo va a atropellar la fortuna».

La jocosa sentencia de Clodomiro resultó premonitoria. Casi medio siglo después, la amistad se conservaba intacta y, lo que es más sorprendente, el profesor Bermudo Bermúdez, pensador, sabio y filósofo, fue atropellado aunque no propiamente por la fortuna, sino por algo más concreto, más ruidoso, algo con dos ruedas y un frenético beligerante con casco.

Los ancestros del profesor Bermúdez

Razón tenía el joven militar en retiro Bermudo Bermúdez. Su padre, Bermudo del Carmen, después de cincuenta años de trabajar como un burro, estaba ya muy cansado y era ese cansancio la clave para su estrategia de vida, astutamente concebida en el calabozo de un cuartel.

Bermudo del Carmen Bermúdez Cipagauta, su progenitor, huérfano de padre y madre, fue criado por su abuela, la comadre Ceferina, la curandera de la aldea, donde, en una madrugada lluviosa, vio la primera luz, después del trágico parto por el que murió la madre. Su padre, un borrachín pendenciero, poco después de la muerte de su mujer, un día le pidió a Ceferina: «Suegra, hágase cargo por un tiempo de este recién nacido. Me voy a la capital a buscar fortuna. Cuando vuelva, le pago los gastos que haya tenido». Jamás apareció. Como diría José Eustasio Rivera: se lo tragó la selva.

La comadre Ceferina fue famosa en la región, siete leguas a la redonda. Curandera con ínfulas de médica internista, obstetra, sacamuelas, pitonisa y adivina, preparaba, con la ayuda de su nieto, pócimas, pomadas y bebedizos para curar cualquier mal físico o sentimental.

Contaba con una clientela tan grande que solo le quedaba tiempo para atesorar los cuartillos en el forro del colchón y para vigilar al nieto con disciplina prusiana. Conocida por toda la gente, no era amiga de nadie, salvo del párroco del pueblo, el padre Zacarías. Recién llegado al pueblo, en el sermón de los domingos, con la iglesia abarrotada, el buen cura no perdía la oportunidad de lanzarle dardos, pensando que era una bruja.

Con el transcurso del tiempo, el padre Zacarías, inteligente y justo, se fue dando cuenta de que la comadre Ceferina era una mujer buena, cristiana y compasiva con el prójimo, a pesar de ser tacaña y codiciosa. Cualquier tarde, después del rosario, Ceferina apareció en la sacristía y, sin mayores preludios, soltó una catilinaria con confusos sustantivos, adjetivos, verbos y adverbios, que el buen cura no entendió, pero sí la conclusión: «Padrecito Zacarías, acabemos ya la guerra. Yo no le hago mal a nadie. Yo soy ferviente católica. Solo vendo curaciones que son puras ilusiones, pero la gente es feliz. Le propongo simplemente: encárguese, vusté, de las almas de los vivos y difuntos, y déjeme a mí los cuerpos con gusanos en la tripa, con dolores en las rodillas y con guayabos de amor». El padre Zacarías solo pudo balbucir: «Dios te bendiga, hija mía».

La amistad quedó sellada. Todas las tardes, después del rosario, el padre Zacarías se sentaba con la comadre Ceferina en el andén frente al consultorio, a tomarse un par de aguardientes, a fumarse un tabaco habano, a hablar mal del gobierno y de los milagros de santa Rita de Casia, que, Nuestro Señor nos perdone, parecían brujería».

Como nada es duradero, cuando Bermudo del Carmen contaba ya doce años, comenzaron a turbar la calma dominical del pueblo caravanas de manzanillos venidos de la capital, a quienes se unían los gamonales locales, para incendiar a las gentes con arengas partidistas. Los ánimos se caldearon y el pacífico pueblito se convirtió, poco a poco, en un campo de Agramante en el que godos y cachiporros se saludaban con balas a la salida de la misa de doce.

La bisabuela Ceferina presintió un futuro negro para ella y para su nieto, así que, sin pensarlo dos veces, en la velada de esa tarde con el padre Zacarías, le confió, con mucho sigilo, la determinación que había tomado. «Padre, esto es como un secreto de confesión: este pueblo se volvió una desgracia. Yo resolví largarme, no quiero que a Bermudito del Carmen, o lo maten, o se lo lleven a echar bala y a entregarle el alma al diablo».

«Qué casualidad, Ceferina —le comentó el buen párroco—, tenía pensado proponérselo. Sálvese usted y salve al chico... Pero... ¿A dónde se irá, hija mía?».

El compadre Pancho vivía en la capital. Farmaceuta solterón, abandonado por su amante, amablemente hospedó a Ceferina, cuando esta se apareció una mañana con Bermudo del Carmen, dos faltriqueras repletas de los billetes que guardaba en el colchón, camufladas debajo de la falda, un bulto con las pertenencias y otro lleno de crucifijos, cartas astrales, frascos con brebajes y ungüentos, una imagen de la Virgen del Carmen y una fotografía del difunto marido.

Mientras charlaban un día, Pancho le contó a Ceferina que tenía los días contados por un cáncer en el hígado y, con exagerada solemnidad, le dijo: «Mire, comadre, Dios sabe cómo hace sus cosas. Desde que ustedes se aparecieron huyendo de la violencia, yo me he puesto a pensar que soy solo en este mundo y que lo poco que tengo, este rancho, la farmacia y unos pesos en la caja de ahorros, cuando de hoy a mañana yo estire la pata, sean para mi ahijado, o sea, su nieto. Ya hablé con un tinterillo para arreglar los papeles».

Así comenzó la biografía citadina de Bermudo del Carmen Bermúdez. A raíz de la muerte del compadre Pancho, la abuela se hizo cargo de la farmacia, pero más que todo utilizó el local para reiniciar sus asuntos de curandera y adivina, lo que la hizo famosa en el barrio. Con el producido de su boyante negocio, sumado a los ahorros de su vida que trajo en las faltriqueras y a la herencia del compadre Pancho, se convirtió en nueva rica, pero, por su avaricia extremada, continuó siendo vieja pobre, que atesoraba pesos y centavos en su cuentica de ahorros. Bermudo del Carmen, estoicamente pobre por voluntad de la abuela, terminó el bachillerato y, en una escuela nocturna, obtuvo el grado de Licenciado en Farmacia.

El día de la graduación, Ceferina cerró la farmacia, invitó a dos vecinas y se dio el lujo de destapar una botella de vino Oporto Z, para brindar por su nieto. Un poquitín alicorada, con teatral parsimonia, alzó la copa y se dirigió al graduando: «¡Bermudo! Ya cumplí con la promesa que hice a su mamá cuando se estaba muriendo. Usted ya es un hombre graduado. Todo lo que tengo es suyo. Esta mañana cerré la farmacia y no la volveré a abrir. Usted verá qué hace con ella».

Bermudo del Carmen se dio cuenta de que era un ser solitario en el mundo el día que sepultó a la abuela. Los vecinos, la familia Fernández, se ofrecieron a acompañarlo, pero él dijo que quería descansar. Se acostó en la cama de la abuela, en la que estuvo postrado tres días y tres noches, levantándose solo para sus necesidades. Al cabo del tercer día, el hambre pudo más que la pena, desocupó la nevera, con la sensación extraña de que el alma de la abuela lo estaba reprochando por descuidar la farmacia.

A partir de aquel instante, su obsesión fue trabajar como un burro, dándole gusto a la abuela, que lo vigilaba desde el purgatorio. Abría la botica a las cinco de la mañana y cerraba a media noche. Vendía drogas convencionales, ungüentos y brebajes que aprendió a preparar cuando niño, aplicaba inyecciones, hacía masajes y vendía cacharrería. Astuto y codicioso como la abuela, organizó informalmente el negocio de prestar plata con el capital que había heredado. Angustiados padres de familia que necesitaban pagar el arriendo o pagar la pensión de los chinos acudían a la farmacia. Don Bermudo los sacaba del apuro, con intereses de usura y siempre y cuando dejaran en prenda un documento o algún objeto valioso.

Su vida era de verdad insulsa, sin grandes alegrías ni grandes penas, sin ilusiones ni esperanzas. Cada día de mañana era copia fotostática del pasado día de ayer. Los sábados en la noche jugaba dominó con dos vecinos gotosos y dos domingos al mes almorzaba con los Fernández.

Al mes de cumplir cincuenta años, apareció en la farmacia una dama en el ocaso de los cuarenta, desgarbada y regordeta, preguntando por don Pancho Quinche. Bermudo del Carmen, sorprendido por completo, la puso al corriente de que el compadre Pancho había muerto hacía más de veinte años. La visitante tuvo un colapso, abrió los ojos, abrió la boca y, sin articular palabra, comenzó a llorar torrencialmente. Don Bermudo, poco experto en histerias femeninas, solo atinó a pasarle una silla, a suministrarle una dosis de pasiflora y a darle palmaditas en los cachetes.

Un poco menos nerviosa, puso al tanto al farmaceuta de que su nombre era Carlota Quinche, y que acababa de llegar a la capital, proveniente de los llanos.

«Yo soy Bermudo del Carmen Bermúdez, dueño de esta droguería. Dígame en qué puedo servirla. Por su apellido, puedo creer que usted es parienta del finado don Pancho, aunque él nunca habló de familia».

«Pues, créalo o no, señor Bermúdez, ¡soy su hija!». Bermudo, con cortesía, como pensando cada palabra, respondió: «Pues, créame, señora Carlota, que me da muchísima pena tener que informarle que no le creo».

Carlota, totalmente recuperada, como dando una lección en la escuela, narró su historia. Cuando tenía cinco años de edad, su madre, bastante floja de cascos, se enamoró de un llanero que conoció en una fiesta. Un domingo en la mañana, mientras que don Pancho dormía, sacó una maleta con todas sus pertenencias, tomó a la niña de la mano y se fue con el llanero, dejando a don Pancho Quinche con un palmo de narices. Don Pancho sepultó en el recuerdo a su mujer y a su hija.

Madre e hija con el llanero se fueron a vivir a Acacías, donde él tenía un exitoso comercio de insumos y herramientas agrícolas. Se instalaron en la casa modesta donde vivía Arístides, que así se llamaba el llanero. Dijo que era como su taita, la puso en la escuela y en clases de modistería, le compraba ropita y la llevaba a cine los domingos. Arístides se hacía el de la vista gorda cuando su mujer aflojaba los cascos y se enredaba en furtivas aventurillas.

Cuando Carlota cumplió veinte años, Arístides organizó una fiesta sorpresa a la que invitó amigos y relacionados que Carlota jamás había visto. Una orquesta de provincia amenizaba los bailes, mientras el licor corría como si fuera gratuito. La madre de Carlotica, ya bastante entonada, aprovechó que Arístides, con un corrillo de amigos, discutía de política, para escurrirse con un antiguo enamorado a un rinconcillo discreto y entregarse a eróticos devaneos.

Arístides no era tonto, con el rabillo del ojo fue testigo de la huida. Con total serenidad, los agarró con las manos en la masa y dijo calmadamente, casi sin mirarlos: «Muchas vainas he tenido que perdonarte. Dios sabe que lo he hecho. Pero que, como una guaricha, se haya puesto de ruana la fiesta de su hija, irrespetando mi casa, no se lo perdonaré jamás». Dio la espalda y se retiró a paso lento. Como había hecho ella hacía quince años en la casa de don Pancho, hizo su valija y se marchó de la casa sin importarle un comino la fiesta, que aún seguía prendida.

En dos semanas, nada se supo de Arístides. Ni razón chica ni grande. El sábado en la tarde apareció en la casa un caballero desconocido. Pidió a Carlota llamar a la madre. Cuando las tuvo enfrente a las dos, les dijo con fría galantería: «Apreciadas señoras, tengo que comunicarles que don Arístides me vendió esta casa a puerta cerrada, salvo las pertenencias de ustedes dos. Tengo la urgente necesidad de ocuparla, así que les pido el favor de mudarse lo antes posible».

Las dos quedaron estáticas, mudas, petrificadas. Estaban en la miseria. Una vecina compasiva les arrendó dos cuartuchos que tenía desocupados desde que los hijos se marcharon a estudiar en la ciudad. En el más amplio, dormían y, en el otro, instaló Carlota el taller de modistería.

Interminable rosario de días, de meses y de años, barnizados con pobreza, pues la costura solo daba para comer un huevo mensual. La situación había hecho crisis, le comentó a don Bermudo, cuando la madre sufrió un derrame cerebral que la dejó parapléjica. Desde ese momento, Carlota fungió como costurera, enfermera, cocinera y mandadera, hasta que murió su madre un mes antes de su viaje a la capital para intentar encontrar a su padre en busca de patrocinio económico. De él, solo conocía la dirección de la farmacia, que había encontrado en un papel arrugado en el baúl de la madre.

Muy perplejo quedó Bermudo del Carmen con la novelesca historia que acababa de escuchar. Para completar, Carlota le enseñó una foto de Pancho Quinche cuando era joven, que, él tuvo que reconocer, tenía bastante parecido con el Pancho calvo que conoció. «Ya le informé que Pancho murió hace mucho». Aquí decidió mentir: «Meses antes de morir, yo le compré la farmacia y el rancho donde yo vivo. Recibió su plata, se despidió, y nunca volví a hablar con él».

Bermudo estaba en un lío. Una desconocida en su farmacia, sin un solo centavo en el bolso y sin tener a dónde ir. En un principio, pensó decirle que se fuera por donde vino, que él nada tenía que ver con su embrollo y que, además, ya iba a cerrar la farmacia. Sin embargo, se contuvo. Desde el fondo de la conciencia, le sonó la voz gangosa del padre Zacarías que le hablaba de la misericordia y del buen samaritano. Ese mensaje de ultratumba marcó el cambio total del rumbo de su existencia.

Efectivamente, cerró la farmacia, tomó a Carlota de un brazo y, con todo y bártulos, la condujo hasta su casa. Los dos cenaron en silencio una modesta comida, Carlota lavó los trastos y, sin muchas explicaciones, la llevó a la alcoba de la difunta abuela, la hizo meter en la cama, apagó la luz y cerró la puerta. Carlota cayó fundida y durmió como una marmota. Bermudo del Carmen se refugió en su alcoba y se puso a meditar sobre el embrollo en que estaba metido. Estando casi dormido, entre dientes musitó algo como una oración: «Alma de mi bisabuela Ceferina, alma del padre Zacarías, alma de don Pancho Quinche, en donde quiera que estén, ayúdenme a pensar qué debo hacer con Carlota».

Así pasaron dos meses conviviendo como hermanos. Bermudo del Carmen continuó con la costumbre de trabajar como un burro, mientras que Carlota en todo le colaboraba, además de hacerse cargo de las labores domésticas.

Mas, como el demonio en todo mete la mano, comenzaron a correr por todo el barrio chismes y habladurías sobre la vida licenciosa y pecaminosa de Bermudo y Carlota. Bermudo del Carmen, un hombre austero y serio por naturaleza, no encontraba la receta para cortar de tajo la chismografía. Como una iluminación del cielo, estando en la farmacia una tarde, recordó con claridad el consejo del padre Zacarías cuando se despidieron en su pueblo: «Mijo, estudie y vuélvase un hombre. Consiga una mujer y cásese. Si no quiere casarse, métase de cura, pero en ningún caso vaya a ser un solterón». Se dio una palmada en la frente y exclamó victoriosamente: «Qué carajo. Me voy a casar con Carlota. Las almas de mi bisabuela Ceferina, del padre Zacarías y de don Pancho Quinche, me la mandaron».

Pasado el casorio, cesaron los chismes y las habladurías, pero en corrillos y reuniones se inventaban chistes y chascarrillos sobre la nueva pareja. Que don Bermudo había llegado virgen al matrimonio, a lo que otro agregaba: «Con la vieja que se casó, va a morir virgen». Que don Bermudo malgasta toda su potencia en trabajar como un burro y no le queda ni un vatio para la esposa. Cuando la panza de Carlota comenzó a crecer, sacaron el cuento de que algún amigo le habría hecho la caridad.

A los ocho meses y un día, un bebé flaco y langaruto, con la nariz ganchuda y mejillas rosadas, vio la luz y dio su primer alarido, con la ayuda de una comadrona. Don Bermudo del Carmen Bermúdez organizó una fiesta a todo dar para el bautizo de su primogénito. Cuando más animado estaba el evento, Don Bermudo, con bastantes copas dentro, tomo el bebé en sus brazos, pidió silencio, y, con tono marcial, arengó a la concurrencia: «Damas y caballeros, este chino flacucho es tan feo como yo, lo que prueba que es hijo mío, así que se pueden tragar todos sus chistes pendejos. Aunque Carlota insiste en que lo llamemos Albertico o Carlitos o Santiaguito, con mi potestad de padre lo voy a bautizar Bermudo».

Muchísimos años después, Bermudo Bermúdez Quinche y Clodomiro Valenzuela Alcalá de Henares, departían alegremente en un reservado del club. Haciendo reminiscencias, Clodomiro trajo a colación las disputas de sus padres por la importancia de sus respectivos linajes. «Aunque te digo, Bermudo, que bastante razón tenían, pues mi árbol genealógico es un motivo de orgullo. Sus linajes y abolengo se remontan a los reyes católicos, con marqueses, duques y oidores en sus frondosas ramas».

«En eso sí me la ganas, Clodomiro. El mío no alcanza a ser árbol, sino más bien un arbusto con muy pocas ramas. Solo hay cinco personajes: mi bisabuela Ceferina, de profesión curandera; mi papá, un boticario llamado Bermudo del Carmen; mi mamá, doña Carlota, costurera remendona; y, yo, el profesor Bermudo Bermúdez, pensador, sabio y filósofo, pero, ojo, que en eso sí mi raquítico arbusto se lleva por los cachos a tu frondoso árbol genealógico».

La transformación de Bermudito

La primera infancia del profesor Bermúdez, por decir lo menos, fue bastante accidentada. El día de su bautizo, su padre, don Bermudo del Carmen, lo levantó como un trofeo a su virilidad, de la que habían hecho mofa las malas lenguas del barrio. Fue tanto lo que zarandeó al raquítico trofeo que, por la noche, tuvo que apelar a las cataplasmas que aprendió de su abuela Casimira para sacarlo de un soponcio que por poco manda al limbo al pobre angelito.

Por su proverbial pobreza alimentaria, Carlota llegó al matrimonio y a la consecuente maternidad bastante desnutrida, razón por la cual su leche materna era descremada y deslactosada, ocasionando, al de por sí enclenque Bermudito, un alarmante raquitismo. Solo al cabo de tres meses, accedió Bermudo del Carmen a suministrarle leche en polvo de la que vendía en la farmacia y lo hizo de mala gana, ya que uno de sus principios comerciales era el de no suministrar, en caso alguno, productos de su farmacia en forma gratuita.

El sistema defensivo de Bermudito era tan deficiente como el de la selección colombiana de futbol, hasta el punto de que, en sus primeros seis años de vida, padeció de cuanta enfermedad pueda imaginarse. La señora Carlota, quien antes de conocer a Bermudo del Carmen ya se daba por solterona hasta la tumba, estaba convencida de que su hijo era un milagro del cielo al que debía cuidar y proteger más allá de lo normal. Los permanentes achaques de Bermudito eran para ella una verdadera tortura y le fomentaron la manía obsesiva de estar permanentemente vigilando su estado de salud. Que no esté desabrigado, que se cuide de los chiflones, que se cambie los zapatos mojados, que no cama golosinas, que no juegue con tierra y muchos miramientos más de ese tenor.

Por andar en esas, la señora Carlota no tenía tiempo para atender los quehaceres domésticos y mucho menos para colaborar en la farmacia. Don Bermudo del Carmen se sentía relegado a ser como un mueble en su casa y a menudo maldecía: «Este chino pendejo no ha sido sino para problemas desde antes de nacer». Carlota se enfurecía con estos comentarios, e indefectiblemente, se armaba la riña conyugal.

Bermudito, astuto y ladino, sacaba provecho de la permanente situación de tensión generada por el conflicto bélico, y gobernaba en el hogar, no puede decirse que como un rey, pues su linaje no daba para tanto, pero sí como cualquier dictadorzuelo populista de un país tercermundista. Bastaba que le dijera a su madre que le dolía el dedo gordo del pie para que, por serios motivos de salud, el niño no asistiera al colegio.

Se explica así el hecho de que, cuando contaba dieciséis años, siendo desaplicado por naturaleza con la colaboración de la acuciosa madre, estaba repitiendo por tercera vez segundo de bachillerato. El rector del colegio logró convencer a doña Carlota de que, para el bien del niño, sería recomendable dejarlo en el colegio después del horario de clases, así fuera resolviendo problemas de aritmética. Para tranquilizarla, el rector se comprometió a brindarle a su hijito todos los posibles cuidados, hasta el extremo de que, para evitarle, el frío de las aulas, lo instalaría en la biblioteca en un pupitre confortable, no sin antes darle, por cuenta del presupuesto del colegio, dos mogollas y un pocillo de leche caliente.

En ese entonces, el joven Bermudo ya disfrutaba de buena salud, gracias a que los cuidados alimentarios de su madre le habían recuperado las defensas y arreglado el metabolismo, además, con todas las enfermedades que había padecido en la infancia, ya no tenía de qué más enfermarse. Los cuidados ofrecidos por el rector no tenían sentido alguno.

Bermudito odió siempre la aritmética, pero como sabía que el rector no lo iba a reprender por temor de un escándalo de doña Carlota, le importaban un higo los problemas, y para no aburrirse en la biblioteca, le dio por curiosear libros de filosofía e historias de amor. Eran lecturas erráticas, sin método alguno, no buscaba el contenido, sino las frases complicadas y las palabras rebuscadas, que copiaba en un cuaderno y que, luego, hilvanaba en párrafos sin sentido alguno, pero que acariciaban sus oídos, cuando a solas en su alcoba las repetía en voz alta, con su innata facilidad oratoria, insertando palabras no muy usuales que sacaba de un libro de sinónimos que llevó a su casa, a escondidas de la bibliotecaria.

En medio del caos literario que bullía en su cerebro, las lecturas románticas lo pusieron a soñar con que él había nacido para ser copia fiel de don Juan Tenorio, sin tener conciencia de que, por sus pobres atributos físicos y su innata verborrea, muy lejos estaba de poder serlo. Muchas veces intentó seducir a jovencitas ingenuas, vecinas del barrio, pero en todas las oportunidades, por cada frase romántica, recibió un portazo en su ganchuda nariz.

Don Bermudo del Carmen le dijo un día a su esposa: «Estoy convencido, Carlota, de que por tantas enfermedades que tuvo, a este zoquete se le aflojaron las tuercas en el cerebro. No sirve ni para empleado público».

La señora Carlota replicó: «¡No sea ignorante Bermudo! No piense ni por un instante que mi Bermudito va a ser un simple boticario como usted. Con lo lindo que conversa, aunque en verdad poco se le entiende, él va a ser, se lo aseguro, pensador, sabio y filósofo, y si no quiere creer, pues no crea».

Bermudito, que estaba cerca y oyó la conversación, quedó sinceramente convencido de que las palabras de su madre eran un evangelio. Ese era sin duda su futuro, un don Juan, sabio, pensador y filósofo. Todo era cuestión de esperar y de manejar con astucia las circunstancias del destino.

La vida continuó su curso. Bermudo, cursando segundo año de bachillerato dedicado a los sinónimos, dormía como un lirón y comía como un sabañón; don Bermudo del Carmen, trabajando como un burro en la farmacia y viendo por los negocios lucrativos de usura que atendía en el mismo local; y doña Carlota, cuidando la salud de su hijito y defendiéndolo de las justificadas críticas del padre.

Como nada en la vida es duradero, el 8 de diciembre de ese mismo año, mientras aplanchaba la ropita de su hijito tarareando una ranchera, doña Carlota cayó fulminada por un infarto cardiaco, sin emitir un quejido. Bermudito quedó desolado, atembado, mudo, pero no derramó una sola lágrima, no sabía llorar. La mamá era su universo sentimental, además de ser el pararrayos que lo defendía de las centellas de su padre.

Don Bermudo del Carmen, una vez concluido el austero funeral, durante el cual no pronunció palabra con nadie, al igual que cuando murió la bisabuela Ceferina, cerró la farmacia y, durante tres días, se encerró en su habitación. Antes de cerrar la puerta, dio un sollozo y exclamó con tono dramático: Carajo, ahora sí me quedé abandonado, porque, con este zopenco, es lo mismo que estar solo».

Mientras tanto, el futuro profesor Bermudo Bermúdez sintió, por primera vez en sus dieciocho años de vida, el hielo de la soledad. Estaba solo como el silencio en la superficie lunar. Había perdido irremediablemente a la mujer que más había amado. La única mujer que le había brindado ternura, sin portazos en la ganchuda nariz. Necesitaba que lo consolara la ternura de otra mujer.

Si, como él anhelaba en sus ensoñaciones, hubiese sido un Don Juan, la terapia habría estado al alcance de sus sentimientos y a la vuelta de la esquina. Pero, Adonis fracasado, tuvo que recurrir a la única opción posible.

Sin mayor prisa, con paso apesadumbrado, como un gladiador vencido, llegó al saloncito de fiestas, donde por lo general se paga para poder pecar. Para algo tendrían que servir los frecuentes saqueos a hurtadillas de la caja de la farmacia que él, para tranquilizar la conciencia, bautizaba como merecidos anticipos de su herencia.

Bermudo ya era conocido en el quilombo, así que lo recibieron con besitos, abracitos y sonrisas. Eso era lo que su espíritu abatido necesitaba para soportar su abrumadora soledad. Escucharon sus cuitas, lloraron sin que él pudiera llorar, aunque quería hacerlo. Les comentó que nunca había podido llorar, cuando nació daba alaridos, pero jamás lloró.

Las meretrices, como las llamaba Bermudo, se enternecieron ante su depresión y se dedicaron a atenderlo, siempre y cuando tuviera con qué cubrir los gastos, pues en los lupanares nada es gratis. Contó su historia veinte veces, habló de Carlota, su madre; besó a todas las meretrices, encaramado en una mesa, con unos cucos en la cabeza; hizo una arenga sobre la importancia de la vida licenciosa de los conquistadores en la estructura étnica del nuevo continente; bebió hasta reventar y, finalmente, cayó fundido en la primera cama que encontró, con una borrachera peor que la del patriarca Noé.

Imposible vaticinar que la piltrafa humana, que, al cabo de tres días, se apareció como un espectro en la farmacia de don Bermudo, iría a ser, con el tiempo, nada más ni nada menos que el académico, pensador, sabio y filósofo profesor Bermudo Bermúdez. El guiñapo se sentó en un rincón dispuesto a soportar la tempestad, cabizbajo y contrito. Don Bermudo continuó ordenando la estantería, como si nadie hubiese entrado a la farmacia, lo miró de reojo. «Carajo, Bermudo, ¿con qué cuento viene hoy? No vaya a salir con que estaba en un curso de supervivencia, más bien quédese callado. Lárguese para la casa, échese agua y despabílese. Por la noche conversamos».

Esa noche, después de una cena desabrida que Bermudito no pudo probar, pues todavía tenía la resaca, Don Bermudo, con tono fingidamente solemne, soltó su catilinaria: «Oiga usted bien, Bermudo Bermúdez Quinche, esta vaina se acabó. Ayer me llamó el rector del colegio para decirme que no lo recibía más, porque usted ya es muy viejo para estar en segundo de bachillerato con niños de doce años. Que, además, los profesores no soportan más su verborrea. No venga más con el cuento de los Scouts y la supervivencia. No me crea tan pendejo, nunca le creí esos cuentos. Si me quedaba callado era para no contrariar a Carlota, que Dios la tenga en su gloria. Hoy hablé con el comandante de reclutamiento, que es mi amigo. Usted se va para el cuartel, así no le guste».

Por la mente de Bermudito jamás había pasado la idea de la milicia, pero exclamó con astucia y alzando los brazos: «Es lo mejor que me has dicho en toda mi vida. Siempre he soñado en ser militar. No había dicho nunca nada para no dejarlos solos a usted y a mi madrecita, que Dios la tenga en su gloria. Ya que usted me lo ordena, en realidad me hace feliz. Mil gracias padrecito». Lo besó en ambos cachetes.

Cuando se dio el último abrazo con su amigo Clodomiro, en las puertas del cuartel, Bermudo quedó extasiado con las palabras que aquel le dijera a modo de despedida: «Usted va a ser ministro o senador o presidente». Con la cabeza erguida, casi que marcando el paso, llegó a la farmacia donde su padre continuaba trabajando como un burro. En más de un año no se habían visto, ya que Bermudo, en los permisos, se refugiaba en el quilombo, y su padre jamás había ido a visitarlo al batallón guardia presidencial, pues no le interesaba verlo. Se conformaba con cumplir como padre, enviándole con el mensajero de la farmacia su mesada quincenal.

Cuando Don Bermudo vio a su hijo en la puerta de la farmacia, estuvo a punto de tener un colapso, y solo atinó a gritar: «No me diga que lo echaron. Era lo que me faltaba». Bermudito, quien ya había preparado su estrategia, mientras estaba castigado en el calabozo del cuartel, con absoluta serenidad le explicó a su padre que nadie lo había echado, sino que cumplido un ciclo de entrenamiento militar. Le dieron la baja para que se pudiera dedicar a las actividades propias del futuro que él se había trazado. Continuó con su invención, enterando a don Bermudo de que el comandante le había planteado que, a su edad, tenía que decidir entre el mundo de las armas y el mundo de las letras, y que él había escogido naturalmente las letras.

«Mire, mijo, me da lo mismo que escoja lo que quiera, pero, eso sí, que lo haga bien. Estaba por ir a verlo, para contarle mis planes. Desde que murió Carlota, usted y yo estamos solos y poco nos entendemos. Yo estoy muy viejo y cansado, así que resolví largarme a esperar la muerte en mi pueblo, con la única compañía de mi bisabuela Ceferina La casa es suya, así como las inversiones que amasé toda la vida con el sudor de mi frente. Yo, con mi pensión, mi cuenta de ahorros y la venta de ungüentos y de jarabes, viviré tranquilo. Si usted quiere la farmacia, puede quedarse con ella y, si no la quiere, véndala. El abogado Restrepo arreglará los papeles».

Con la ayuda de la Virgen y del alma de Carlota, como aseguraba orgulloso, departiendo en el quilombo, de la noche a la mañana, el raquítico

Bermudito, con solo veinte abriles, sin haber trabajado un minuto de su vida, sin tener bachillerato, amaneció transformado, con la herencia de su padre, en don Bermudo Bermúdez Quinche, adinerado hombre de negocios, respetable y respetado. Como dijo Clodomiro en la puerta del cuartel: «Lo atropelló la fortuna».

El adiós del profesor Bermudo Bermúdez

Definitivamente, el profesor Bermudo Bermúdez nunca fue un casanova. Su silueta, todo menos que atractiva, poco le ayudaba. Calvo hasta las orejas, nariz ganchuda, cejas enmarañadas, cachetes sonrosados y prominente barriga, no son atributos de un donjuán que se respete.

Además, la firme convicción de que Nuestro Señor lo había enviado a este mundo para premiar a sus congéneres con la sabiduría de un pensador, sabio y filósofo, había logrado que don Bermudo, desde su juventud hasta para pedir el desayuno, se expresara de manera grandilocuente, con eufemismos y metáforas, lo menos apropiado para ser seductor en una charla íntima y amorosa.

Heredó de su padre, don Bermudo del Carmen, una aceptable fortuna, que le permitía subsistir, sin derramar una gota de sudor de su amplísima frente, que le llegaba hasta la nuca; codearse con vacas sagradas; ser socio de cuanto club estuviese a su alcance, y lograr, gracias a su bolsillo, ser considerado por todos sus contertulios como un pensador, sabio y filósofo.

Para calmar sus juveniles bríos, convencido de que muy lejos estaba de ser un casanova, siempre pagó por pecar, hasta que, un buen día, o, mejor dicho, una buena madrugada, reflexionó que resultaba insensato seguir gastando su fortuna en medicinas para la curación de enfermedades de dudosa ortografía, adquiridas durante sus eróticas andanzas, y que, como decía su difunta madre, doña Carlota de Bermúdez, ya era hora de sentar la pata al lado de una buena mujer de hogar.

Hombre de armas tomar, se dedicó de lleno a la tarea de conseguir consorte con una joven simpática y agraciada, pero, en todos los intentos, le dieron con la puerta en la nariz. Jamás se dio por vencido y, haciendo honor al dicho «del ahogado el sombrero», al poco tiempo contrajo matrimonio con Ricarsinda Galíndez, matrona de alcurnia, diez años mayor que él y solterona convencida hasta el momento en que el profesor

Bermúdez le propuso matrimonio, y presidenta de la Congregación de Adoradoras de las Llagas de San Lázaro.

Los atributos físicos de doña Ricarsinda resultaban compatibles con los de don Bermudo, pero, en cambio, contaba en su haber con una fortuna considerable que tenía pensado legar a las Hermanitas de la Flagelación.

Pragmático y astuto, don Bermudo, como un pensador, sabio y filósofo que él creía ser, concluyó que, además de auxiliarlo en las labores domésticas, le sería fácil convencer a Ricarsinda de que, para flagelarse, las hermanitas no necesitaban dinero y que, más bien, con sus aportes podría ayudar al funcionamiento de la Asociación de Sabios Despistados, que pensaba fundar para bien de la humanidad. Al fin y al cabo, para eróticos devaneos siempre tendría el recurso de pagar para pecar, pero con menos riesgos infecciosos, gracias a los nuevos caudales.

Estabilizada ya la relación, don Bermudo tuvo que encarar varias realidades: desde el punto de vista conyugal, Ricarsinda resultó ser una vieja inútil, un maniquí. Al mismo tiempo, la bendita señora demostró ser sicológica y sistémicamente celosa. El profesor tuvo que aceptar la obligación de presentarle un reporte diario de todas sus actividades y pensamientos y, además, tenía que cargar con ella cuando le daba por frecuentar alguno de los clubes. Finalmente, le resultó imposible sacarle de la cabeza el cuento de las Hermanitas de la Flagelación, así que ni un duro le aportó a Asades.

Por todas estas circunstancias, Asades se convirtió en una complaciente celestina para don Bermudo. Durante una de sus escapadas eventuales, en cambio de asistir a una reunión de sabios en la sede de Asades, el profesor Bermúdez se sentó solitario en la barra de un bar para beber un par de *whiskys* dobles, meditando en la inutilidad de su monótona vida. Por caprichos del azar, en la butaca contigua, única libre en la barra, se instaló una joven rubia despampanante y coquetona.

Como suele suceder a los vecinos de barra, se armó un diálogo trivial, el cual, animado por el *whisky*, se fue tornando en coloquio del que Bermudo pudo inferir que se llamaba Pascuala, un corazón solitario maltratado por la suerte, que nunca había visto el mar, ni había viajado en avión por carencia de recursos. Con fingida indiferencia, Pascuala tomó nota atenta de que el profesor Bermúdez, un corazón generoso, en quince días la llevaría a ver el mar en la caribeña isla de Aruba.

¡Fíat! Exclamó don Bermudo y a Aruba fueron a parar el fin de semana víspera de la asamblea general de Asades, en la que él dictaría una conferencia magistral. Se armó así el rompecabezas, pues doña Ricarsinda, una esposa comprensiva, se fue al convento de las Hermanitas de la Flagelación a unos retiros espirituales, de donde saldría a Fusagasugá a visitar a su centenaria madre para permitirle a Bermúdez la paz y la soledad necesarias para ordenar sus luminosas ideas armando la perorata.

En este punto, debe tenerse en cuenta que, al retorno de Aruba, don Bermudo y Pascuala concertaron un encuentro el día siguiente, a eso de las seis de la tarde, después de que él concluyera su conferencia magistral. Para su desventura, las sesiones de ese día se prolongaron más de lo previsto, de manera que la disertación de Bermudo se pospuso para las seis.

Con astucia y mentirillas, don Bermudo salió del embrollo. Se sentó con Pascuala, quien para todos era la doctora Cutiño, en el salón contiguo al aula máxima y le explicó la situación, concluyendo: «Tú solo hablas portugués. Ni una palabra de español, así que no abras la boca». Se sentaron, tomaron dos *whiskys* dobles y, cuando Bermudo calculó que la reunión estaría por concluir, de un sorbo terminó el *whisky* y le dijo a Pascuala: «Espérame, mi amor, dos minutos, debo entrar al salón».

En eso andaban cuando el profesor Bermúdez de repente palideció, quedó estupefacto. Gotas de sudor iluminaron su augusta calva. A través de la puerta entreabierta, vio con espanto que, en el vestíbulo de entrada, acicalada y compuesta, conversando con un guardia, estaba doña Ricarsinda Galíndez.

Cuando logró recobrar el aliento, le masculló a Pascuala: «Mi mujer está allá afuera. No salgas de aquí. Voy a ver cómo me deshago de ella». El rostro de Pascuala enrojeció más que los cachetes de Bermudo, y, fulminándolo con los ojos, le soltó directo a la cara: «¡Viejo garañón y mentiroso! ¡Dizque era un solterón solitario! ¡Dizque se iba a casar conmigo! ¡Viejo cínico y mentiroso!». Tomó aire para continuar, pero don Bermudo no le dio tiempo, pues se precipitó por la puerta a los brazos de Ricarsinda, por el impulso que llevaba.

Don Bermudo quiso hablar, pero la vetusta dama se lo impidió diciéndole con almibarada ternura: «Bermudito, amorcito, ya te habrás imaginado el porqué de esta sorpresa. Como sé que tú lo sabes, hoy es nuestro aniversario. Cancelé la visita a mamá para poder cenar los dos juntitos. Una celebración íntima».

«Claro que sí, mi amorcito. Cómo podría yo olvidar la fecha más importante de mi vida. Estaba por concluir mis compromisos profesionales para ir a invitarte a una cena íntima. Estoy reunido con la doctora Cutiño, quien viajó del Brasil para discutir conmigo un importante documento. ¿Por qué no te vas casa y yo te caigo en una hora para nuestra celebración?». Estaba en esto el profesor cuando, por el rabillo del ojo, vio que Pascuala venía por el pasillo, furiosa como un toro de lidia. «Estoy perdido —pensó don Bermudo—. Solo me queda el cadalso».

Como un huracán caribeño, Pascuala irrumpió en el vestíbulo. Don Bermudo cerró los ojos esperando la golpiza, pero, para su inmensa sorpresa, el toro pasó derecho y, agitando los brazos como aspas de molino, gritó alborozada: «¡Mi querida doña Ricarsinda, esto sí que es una sorpresa! ¿Qué la trae por aquí? Siempre tan elegante y discreta».

Doña Ricarsinda, con iguales aspavientos, exclamó con voz de tiple: «¡Pascualita de mi alma! ¡Desde que te saliste del convento de las Hermanitas de la Flagelación, hace casi un año, no te veía! ¡Qué emoción! ¡Esto es un milagro de Dios!».

Se abrazaron y besaron. Después, en un rincón apartado, como urracas parlanchinas, iniciaron en voz baja un profuso parloteo. Nadie podía entender sobre qué temas charlaban, pero don Bermudo lo intuía por las furiosas miradas que pretendían fulminarlo. Pensó para sus adentros: «Ese par de cotorras me va a descuartizar. Yo me largo de aquí sin decir adiós ni hasta luego».

En estas cavilaciones se hallaba el profesor Bermúdez cuando le llegó un rumor de voces del aula máxima, de lo que dedujo que la reunión estaba en un receso. A los pocos minutos, apareció ante sus ojos un grupo de sabios, liderados por el profesor Matallana, quien le manifestó que habían concluido los debates y que solo faltaba para iniciar la sesión de clausura que «usted, profesor Bermúdez, nos ilustre con sus conclusiones».

Don Bermudo se dio cuenta de que, en ese momento, se lo estaba tragando la tierra: dos urracas a punto de lincharlo y una manada de sabios doctores, pidiendo conclusiones sobre un debate que él ni siquiera escuchó.

Una solución sería declararse culpable y poner el cuello en la guillotina. Otra sería la de encarar la complicada situación y buscar acciones racionales. Ninguna satisfizo a don Bermudo. Como una luz proveniente del cielo, en su mente apareció con toda claridad la solución del embrollo. El profesor Bermudo Bermúdez respiró profundo, se secó el sudor de la calva, y apuró un buen trago de *whisky*.

Con voz potente, sin eufemismos ni metáforas, don Bermudo exclamó: «¡Cállense todos, que necesito hablar sin rodeos!». Todos quedaron estáticos ante el rugido del profesor, incluso las urracas parlanchinas.

«Quiero informales a todos que Bermudo Bermúdez se cansó de Bermudo Bermúdez y de todo lo que lo rodea, comenzando por todos ustedes. ¡Oigan bien: me cansé de todos ustedes, catedráticos y cotorras! Mi vida ha sido una farsa, como quien dice un sainete en el que yo he sido el payaso principal. Tristemente, debo reconocer que he sido un completo fracaso. Nunca pude ser un casanova, como siempre soñé serlo. Durante muchísimos años tuve que resignarme a pagar para pecar, sin ningún deleite romántico. Me casé por interés con la cotorra que ustedes ven junto a la joven rubia. La vieja me resultó inepta, fría, regañona, celosa y avara. Por librarme de la vieja, con ínfulas de don Juan, en las playas de Aruba tuve un romance fugaz con la rubia que ustedes ven sentada junto a la vieja. Hoy me enteré de que fue monja y que además es imbécil, pues se comió completo el cuento de que yo, Bermudo Bermúdez, pensaba casarme con ella. Nunca fui un pensador, sabio y filósofo, como siempre aparenté serlo, con títulos rimbombantes, discursos y ensayos, ensamblados con palabras rebuscadas, frases de cajón y abundantísimos plagios. Ustedes, sabios ilustres, entero se comieron el cuento, igual que la exmonja se creyó lo del matrimonio. Si fundé a Asades no fue por amor a la filosofía, sino como disculpa para descansar de la vieja. En resumen, profesor Matallana, junto con todos los sabios; Ricarsinda, la que fue hasta hoy mi esposa; y la doctora Cutiño, o sea, la exmonja Pascuala, como dicen en España: largaos todos juntos a freír patatas y espárragos.

»Para evitar la chismografía, tengo el placer de informarles de que el nuevo Bermudo Bermúdez, que, en presencia de ustedes, hoy ha nacido, renuncia irrevocablemente a todos los compromisos que hasta hoy atormentaron al viejo Bermudo Bermúdez, que ya descansa en paz. Les informo, además, de que en adelante me dedicaré en exclusiva a las actividades que me den satisfacción.

»Invertiré la fortuna que heredé de mi padre, Bermudo del Carmen, en organizar una sala de fiestas, atendida por niñas de regular conducta, a donde asisten viejos libidinosos, como ustedes, ilustres sabios, para pagar por pecar. Perdonen los eufemismos».

Don Bermudo calló, sofocado por el entusiasmo de su arenga, miró con desdén a la audiencia, caminó lentamente hasta la puerta, saludó con una seña de manos de muy mal gusto y, por segunda vez en ese día, hizo mutis por el foro.

Encuentro con el profesor Bermúdez

Al cabo de una reunión con un grupo de fósiles internacionales, por casualidad conocí a don Bermudo Bermúdez, un personaje inolvidable por su ladina habilidad innata de maquillar su ignorancia con una abrumadora elocuencia, en contraste con su figura bonachona, protuberante barriga y ganchuda nariz.

Llegó al pequeño bar en medio de dos académicos, a los que explicaba, o, mejor dicho, aturdía con rebuscadas palabrejas atinentes al tema de fondo del simposio sobre el «Impacto de la menopausia de las tortugas en el ecosistema hídrico» que había concluido con insospechado éxito, en el contiguo paraninfo.

Uno de los académicos era el profesor Heliodoro Matallana, quien, al verme, abanicó los brazos para propinarme un largo y efusivo abrazo, fruto no tanto de la emoción de verme, sino del alivio de encontrar una excusa para liberarse diplomáticamente de la perorata de don Bermudo. «Querido amigo», literalmente me escupió a la cara. «Mi alegría no es solo por el gusto de verlo después de tanto tiempo, sino además por la afortunada oportunidad de presentarle al emérito profesor Bermudo Bermúdez, sabio y filósofo, nada menos que el presidente de Asades, la Asociación de Sabios Despistados».

La mano sudorosa de don Bermudo no llegó a estrechar la mía, sino que se deslizó con timidez, al tiempo que me brindó una reverencia, en verdad bastante frustrada por el volumen de su panza.

Pasados los circunloquios protocolarios, Bermudo aprovechó la oportunidad para ordenar una tanda de *whiskys* dobles en las rocas, explicando socarronamente: «Nada más tonificante para el cuerpo y para el alma que celebrar el encuentro de viejos amigos, con el abrazo cordial de un trago doble. Como decía mi padre, don Bermudo del Carmen, que dicho sea de paso, fue un sabio farmaceuta, por misterios del metabolismo, las moléculas del alcohol avivan la pasión, endulzan el sentimiento y abrillantan la inteligencia».

Para continuar con la disertación, resopló como un percherón, pero Matallana terció en la conversación, interrumpiéndolo para alivio de todos: «preciado Bermudo, a este querido amigo que acabo de presentarle lo conocí durante un viaje por el altiplano boliviano, donde él fungía como maestro de religión de una comunidad aimara, por cuenta de un organismo internacional».

Conocí a Matallana en circunstancias bastante curiosas, tal como él indicó, en el altiplano boliviano, una tarde del mes de junio en la que los indígenas aimaras celebraban un festival en honor de la Pachamama, masticando hojas de coca y bebiendo alcohol de reverbero, mezclado con jugo de naranja, al desafinado y monótono ritmo de quenas y zampoñas.

El padre de Matallana se desempeñaba, podría decirse, como edecán, paje o mayordomo de un empingorotado magnate bogotano, que, si mal no recuerdo, se llamaba Aristóbulo Valenzuela, y cuyo hijo, Clodomiro, aparte de perder el tiempo, se dedicaba a gastar metódicamente las jugosas mesadas que, a espaldas del padre, le pasaba cada semana su madre, doña Clodomira Alcalá de Henares.

Heliodoro, un ser tímido e introvertido, se vio convertido, sin mayores explicaciones por parte de su padre para congraciarse con el amo, en el cuidador y mozo de espadas del disoluto Clodomiro. Incontables los amaneceres que Heliodoro tuvo que contemplar enfundado en un abrigo gris de segunda mano, entre dormido y despierto, en un rincón de una sala de fiestas, mientras que su jefe y camarada Clodomiro dormía plácidamente con dos damiselas, después de haber pecado de pensamiento, palabra, obra y omisión durante una agitada noche de parranda.

Cuando Clodomiro cursaba por tercera vez tercero de bachillerato, convenció a su madre de la conveniencia de que un joven aristócrata como él viajara por el mundo para conocer culturas diversas en los dos hemisferios, de polo a polo, en cambio de malgastar su juventud en una fría aula, estudiando materias inútiles, reservadas más bien a muchachos del montón.

Incapaz de oponerse a las férreas determinaciones de doña Clodomira, don Aristóbulo organizó el periplo por Suramérica para su tierno retoño, con la condición de que debía viajar con la compañía de Heliodoro Matallana, quien se encargaría de manejar las finanzas y de mantener normas mínimas de conducta y de moral.

Lágrimas de doña Clodomira y gruñidos de don Aristóbulo enmarcaron la partida en una lluviosa mañana de noviembre, y, así, de pueblo en pueblo, de aeropuerto en aeropuerto, de boliche en boliche y de burdel en burdel, llegaron al altiplano boliviano, donde yo los encontré.

Heliodoro, cansino y macilento, daba claras muestras de una infinita fatiga física y espiritual. Clodomiro se esforzaba por mostrar una jovial alegría digna de un aristócrata, pero unas profundas ojeras delataban un largo rosario de insomnes amaneceres. En un rústico restaurante a orillas del Titicaca, compartieron mi mesa, pues el comedero rebosaba de turistas norteamericanos y europeos, asaz de unos cuantos japoneses.

El profesor Matallana no logró disimular una sonrisa cuando se enteró de que éramos compatriotas y, sin entrar a mayores detalles, me pidió con humildad que lo asesorara con la comida. Los tres pedimos un chairo acompañado de habas y queso con llajua, una salsa picante hasta la médula de los huesos.

Mientras que el profesor y yo degustábamos el almuerzo, para no entrar en explicaciones, les inventé que yo era miembro activo de una organización mormona y que, como tal, había sido enviado al altiplano para dar clases de religión a los aimaras. Heliodoro me escuchaba con fingida cortesía, pero viendo que Clodomiro, sin probar bocado, retiraba melindrosamente su plato, estalló, rojo de ira: «Señorito del carajo, no trague si no le da la gana. Pero de aquí hasta que se lo entregue a su taita, no va a probar bocado. La plata se acabó. Usted se la tiró en aguardiente y putas».

Me miró avergonzado dando miles de disculpas. Él era un caballero humanista que cultivaba el idioma y detestaba las palabras soeces, pero yo tenía que entender: la paciencia tiene un límite. Y aquí vino la catarsis. una odisea de tres meses por pampas, punas, cordilleras, villorrios y ciudades, cargando con la desfachatez de un parásito como Clodomiro lo tenía arruinado física y espiritualmente. Fueron incontables las actividades artísticas y culturales: salas de fiesta y lupanares; colchones de pluma en hoteles de cinco estrellas y colchones de fique en moteles sórdidos; estaciones de policía por escándalo público y, para rematar, pernoctada en las urgencias médicas en el Cuzco, para tratar la blenorragia que amenazaba truncar la noble prole de los Valenzuela Alcalá de Henares.

Heliodoro alzó los brazos y, con lágrimas en los ojos, exclamó con voz ronca: «Amigo mío, estoy hecho cisco». Le pasé mi servilleta para que enjugara el llanto y, con tono paternal, le aconsejé: «Empaquételo en un bus y remítaselo al taita. Usted, respire profundo, relájese y organice su vida sin ese tarugo».

«¡Dios mío, si pudiera!». Pareció derrumbarse. «Perdóneme que le abrume con mis calamidades, pero si no las comparto voy a estallar. Resulta, mi amigo, que tocamos fondo. No tenemos ni un centavo. Este almuerzo fue el último ahorro. Pero lo más grave es que el tacaño de don Aristóbulo nos retiró el apoyo. Lea este telegrama: "HELIODORO MATALLANA STOP ME TIENEN YA HASTA TETAS STOP DESDE HOY NI UN CENTAVO STOP COLOQUE CLODOMIRO PAYASO CIRCO Y USTED AMAESTRADOR PULGAS STOP ARISTÓBULO VALENZUELA"».

Meditó unos segundos y, con aire resignado, concluyó: «Hasta razón tiene el viejo Aristóbulo. Lo malo es que yo soy la víctima. Al guache este le interesan un higo todos los problemas en que me mete por andar gallinaceando hasta con los palos de escoba». Curiosamente, mientras Heliodoro concluía su arenga, el simpático aristócrata acosaba a una cholita en la mesa contigua, con la mala fortuna de que tres cholos que la acompañaban, en especial el que aparentaba ser el marido, arremetieron a puñetazos. Lo triste de la historia es que Clodomiro evadió el golpe, que fue a parar al ojo derecho del profesor Matallana. Intervine con algunas palabras en aimara y, con un par de billetes de diez dólares, la calma retornó al recinto.

Sin más discursos, le manifesté a Heliodoro mi determinación de financiar los pasajes en bus para lograr una solución sensata para el tremendo drama. Dos horas más tarde, Heliodoro, reblandecido por el agradecimiento, y el niño malcriado con toda su desfachatez, partieron rumbo al norte en un autobús desvencijado.

Como al mes recibí una breve carta del profesor Matallana. Don Aristóbulo, valiéndose de sus influencias, había mandado a Clodomiro a prestar servicio militar en el batallón de guardia presidencial, donde ya había hecho amistad con otro recluta llamado Bermudo Bermúdez, también socarrón y sinvergüenza.

La familia Valenzuela había viajado a Europa, dejándolo a cargo de la criaturita por un par de meses, con la promesa de una generosa compensación. En el resto de la carta, Heliodoro, en prosa y en verso, en todos los estilos, me juró eterno agradecimiento.

Realmente esto puede explicar su alegría al verme en el bar a donde él llegó esa tarde en compañía de Bermudo Bermúdez y de otro académico. Bermudo acaparó la palabra. Sin embargo, después de tres horas de conversación y seis tandas de *whiskys* dobles, tuve que concluir que el profesor había hablado muchísimo, pero que nada había dicho.

Me invitó el viernes siguiente a una reunión ordinaria de la Asociación de Sabios Despistados y, como cosa especial, remataríamos cenando en el Club de Cazadores de Mariposas, y, si tenemos ánimo: «Visitamos unas chiquillas amorosas como bajativo», dijo con malicia y me guiñó un ojo. De antemano, el profesor Matallana se disculpó de la agenda social, pero confirmó asistencia a la reunión académica, lo que agradó a Bermúdez.

El viernes de marras desempolvé mi traje dominguero, e igual que el renacuajo paseador llegué a la sede del Club de Cazadores de Mariposas, en cuyo auditorio se efectuaban las reuniones de la asociación desde que Bermudo fue aceptado como socio honorario por influencia de Clodomiro.

Bermudo me recibió en la puerta del auditorio con un vaso de *whisky* en su mano izquierda, mientras que con la derecha palmoteaba hombros y espaldas con un ritual protocolario. Cuando el secretario del evento sonó la campanilla, una horda de académicos se precipitó hacia las silletas, pero, a mí, deferentemente, don Bermudo me llevó del brazo hacia una cómoda silla en la primera fila, entre dos paquidérmicos académicos, que se dignaron honrarme con una sonrisa.

El presidente del club presentó al profesor Bermúdez con una sentida arenga, destacando que se trataba de un doctor en semiótica y escatología, además de tener un título *honoris causa* en gramática analítica del sánscrito arcaico. «Así, distinguidos socios y académicos, los invito a deleitarse con la conferencia que va a dar el profesor Bermudo Bermúdez sobre el tema».

Don Bermudo, un poco alicorado, en medio de una atronadora ovación, subió al podio apoyado en el brazo de su ego insolente. Miraba con desdén a la audiencia y saludaba con el brazo derecho en alto. «Damas y caballeros, distinguidos colegas académicos», inició la perorata, pero, en cambio de abordar el tema anunciado Implicaciones psicopatológicas de la vida y la muerte en el comportamiento sexual de los mamíferos», se dedicó a explicar los aspectos negativos para la academia de que solo unos pocos fuesen los poseedores de la sabiduría. En cambio de que él se dedicara a dar una conferencia magistral, resultaba más enriquecedor que un filósofo como el profesor Heliodoro Matallana enfocara el tema holísticamente, permitiendo la participación creativa de toda la audiencia. Al final, él, el profesor Bermúdez, sacaría a la luz conclusiones precisas. «Doy la palabra al profesor Matallana... *lux in tenebris lucet*!».

Debo confesar que fue muy poco lo que entendí de la charla de Matallana, porque el tema me resultaba extraño y porque, con el tono planísimo de su expresión, daba la impresión de estar rezando una letanía. Además, no pude evitar tener ante mis ojos la figura doliente y llorosa de Matallana, tratando de huir de su destino, con la carga de un aristócrata imbécil y con un pistero en el ojo derecho como recordatorio de los aimaras.

Cuando terminó, por cortesía, me acerqué a saludarlo y aproveché para soltarle dos preguntas sobre unas estadísticas que había mencionado durante la charla. Heliodoro se entusiasmó y, de manera bastante confusa, comenzó a disertar sobre las estadísticas, las fuentes, la confiabilidad, etc. Los académicos que se disponían a abandonar la sala, se fueron aglutinando alrededor de Matallana, quien, al ver crecer la audiencia, le infundió renovados bríos a su discurso.

En este punto, me di cuenta de que, por error involuntario, yo había alterado el libreto preparado por Bermúdez. Al concluir la charla, Heliodoro debía pedir a don Bermudo que subiera al podio para iluminarlos con sus conclusiones magistrales, pero, con mis preguntas, se olvidó de su mecenas. A cambio de que le ayudara soterrada y estratégicamente en sus aventuras académicas, y de que estudiara temas de filosofía y humanidades, Bermudo le garantizaba a Matallana una vida digna.

Encontré a Bermudo postrado en una silleta al fondo del salón. Tenía un vaso lleno de *whisky* hasta los bordes. Se veía doliente y abatido, con la mirada perdida en el infinito. Lo saludé con euforia, me respondió con una mueca y guardó silencio. En verdad, nada tenía que decir. Para romper el hielo, le propuse ir de inmediato a cenar. Con un murmullo, me rogó esperar a que terminara su vaso de *whisky*.

Bebía en silencio con deliberada lentitud. Parecía que quería permanecer sentado, inactivo en ese rincón del auditorio por toda la eternidad. Sentí dolor por la fragilidad de este hombre, en apariencia activo y locuaz. Todo en él era una falacia, su porte, su elocuencia, su ignorante sabiduría. Su ego se mantenía sobre apariencias. Como en un trípode: apariencias humanísticas, apariencias sociales y apariencias eróticas-sentimentales.

Esa tarde lluviosa de viernes, la imagen del sabio, filósofo y pensador, se había derrumbado. Su escudero, encargado de manipular los más diversos temas para luego servírselos en bandeja, para que él, con unos cuantos latinajos y frases rebuscadas, cosechara la admiración y la fama, se había robado el espectáculo. El profesor Matallana era el centro de atención, mientras que él, nadie más ni nadie menos que él, bebía *whisky* en un rincón.

Sin dudas, una pata del trípode se había quebrado. Estaba a punto de caer cuando le ofrecí mi brazo para caminar lentamente hacia el salón de la Mariposa Amarilla, donde él había reservado una mesa para la cena. Entramos dando tumbos, porque, además de abatido, el profesor Bermúdez estaba borracho, aunque, dada la distinción y elegancia del salón, deberíamos decir que estaba un poco pasado de copas.

El profesor no pidió la carta, sino una tanda de *whiskys* dobles. Como justificándose: «Como decía mi padre, don Bermudo del Carmen —exclamó casi a los gritos, llamando la atención de todo el salón—, el buen comer, como el sexo, se refinan y se avivan con unas cuantas moléculas de alcohol». Se escucharon discretas toses y carraspeos.

Quiso nuestra mala fortuna que, en una mesa contigua, cenaban en familia don Aristóbulo Valenzuela, su dignísima consorte y su tierno retoño, Clodomiro, a quien yo había tenido la desgracia de conocer a orillas del Titicaca. Al escuchar los comentarios de Bermudo, comenzó a reír socarronamente y, cuando nadie lo esperaba, sentenció: «Bermudo Bermúdez es pura paja, es un paquete chileno».

Como un búfalo herido, Bermudo trastabilló hasta la mesa de Clodomiro, lo agarró por la corbata y le lanzó violenta trompada, seca y contundente, que este logró evadir y que fue a parar a la muy aristócrata nariz de don Aristóbulo. Parecería que la única habilidad de Clodomiro fuera la de evadir merecidos bofetones, como lo hizo en el altiplano con el resultado del pistero del profesor Matallana.

¡Y aquí fue Troya! Don Aristóbulo, sangrante, profería improperios contra la guacherna, doña Clodomira daba histéricos alaridos, y todos los comensales, puestos de pie, iban de un lado para otro sin saber qué hacer. Bermudo se tambaleó y, para no caer, quiso agarrarse de la mesa, con la mala fortuna de que solo logró asir el mantel, que salió despedido, llevando consigo la fina vajilla de porcelana belga, las copas de bacará y unos langostinos que fueron a parar al descote de doña Clodomira.

Con la ayuda de dos meseros, logramos sacar en vilo al profesor Bermúdez, que pataleaba y profería más groserías que una verdulera, antes de que lo lincharan los airados aristócratas. Lo senté en el andén, logré tranquilizarlo un poco. Estaba congestionado, los ojos se salían de las órbitas, respiraba con dificultad.

Con verdadero esfuerzo, sacó aliento para decirme: «aro amigo, estoy hecho cisco. Quisiera llorar, pero no puedo. Nunca he llorado, ni cuando nací. Mi bisabuela Ceferina dijo que yo solo lloraría el día de mi muerte. Pero estoy hecho cisco». De verdad estaba hecho cisco. El frágil ego de Bermudo acababa de perder otro soporte. La pata del trípode, construida con la apariencia social, se acababa de quebrar. Con suma ternura, le sugerí que lo más recomendable sería tomar un taxi para ir juntos a su casa donde, con el calor hogareño y de un buen *whisky*, nos serenaríamos.

Hizo el ademán de darme una trompada y, con mirada torva, me dijo encolerizado: «¡Carajo! En el estado en que estoy, cómo se le ocurre insinuar ir a mi casa a ver a Ricarsinda. La bruja acabaría con la poca moral que aún me queda. Eso sería como lazar a un borriquito sangrante a un estanque lleno de pirañas». Un poco más sereno: «Amigo, caro amigo, le tengo el plan perfecto: en una salita íntima, El Palo de la Rosa, un manojo de bomboncitos, al mando de Rosalbita, nos animarán para seguir con vida. Como dijo mi padre don Bermudo del Carmen, un excelente farmaceuta, unos besitos amorosos mezclados con moléculas de alcohol son la medicina perfecta para reanimar el espíritu».

Era, sin duda, el último recurso que le quedaba al pobre Bermudo. La tercera pata del trípode aún sin quebrarse. Así como aparentaba ser un erudito humanista a pesar de su inmensa ignorancia, a ratos se autoconvencía. A pesar de su barriga protuberante, su nariz ganchuda, su charla cualquier cosa menos que seductora y sensual, aparentaba ser y, a veces, lo creía, un casanova seductor y embrujador de mujeres. Me pareció infame dejarlo abandonado, aunque detesto esas salitas de fiesta, a las que asisten los viejos garañones a pagar para tratar de pecar.

Como a las diez de la noche, llegamos al Palo de la Rosa. Un modesto burdelito discretamente decorado. A pesar de ser un viernes, la clientela era escasa. Un par de jóvenes engominados con sus parejas se divertían en una salita contigua. Las damiselas semivestidas tomaban cocteles y hacían chascarrillos. Para deleite de las hetairas, una vieja radiola fastidiaba el oído con boleros de Alci Acosta.

Rosalbita salió al encuentro de Bermudo. Una damita igual a las demás, solo que con más años y maquilladas arrugas, actuaba como la mandamás del burdel. Bermudo abrió los brazos ampulosamente, pero ella se dio cuenta de que estaba ebrio, y, evadiendo el abrazo, le dijo tajante: «Bermudito estás borracho. Te he prohibido venir aquí cuando estés borracho. Cuando esté tomado, vaya a que lo cuide su mujer».

Bermudo enrojeció, pero, aparentando cordura, trató de besar a Rosalbita. La muchacha lo esquivó con brusquedad diciéndole: «Siéntese formal con su amigo. La casa los invita a un trago, pero, eso sí, nos deja tranquilas a mí y a las muchachas». Dio media vuelta y se retiró sin darse cuenta de que acababa de dejar hecho añicos el orgullo del profesor. Don Juan Tenorio, que minutos antes de camino al Palo de la Rosa, se vanagloriaba de ser irresistible para las mujeres, había sido despreciado y humillado en público por una humilde putica.

Sin lugar a dudas, el ego vanidoso y falso del profesor Bermúdez estaba herido de muerte. Todas las apariencias mentirosas que lo soportaban, este viernes fatal se habían quebrado. Me miró con una expresión de infinita tristeza. «Ni siquiera puedo llorar. Todo lo mío es falso. Lo único auténtico es mi fracaso humano. Ignoro quien soy, pero quiero buscarme: al auténtico hijo de Bermudo del Carmen, el honesto farmaceuta. Apreciado amigo, por favor, déjeme solo. Quiero, sin rumbo alguno, comenzar la búsqueda para cambiar mi vida, así sea en la sepultura».

Un par de meses después, recibí una larga esquela de Heliodoro Matallana: «Después de que se despidió de usted, pasó un buen tiempo convertido en un espectro, hasta que por mi insistencia quiso recomponer su vida y retornó a Asades.

»Claro está, con la misma estrategia que usted conoció. Él se encargaba de las peroratas elocuentes y me dejaba el manejo desesperante de los sabios despistados.

Al cabo de una conferencia, tuvo un desplante bochornoso con su mujer, su amante y con todos nosotros, sus colegas, y se fue como una tromba.

»Semanas después, me enteré de su muerte accidental. Solo supe que, cuando lo llevaron a urgencias, convertido en un guiñapo, parecía que extasiado, deliraba, con un pie en el purgatorio. Bermudo se dio cuenta de ya era un cadáver. Un auténtico cadáver, con todas las de la ley. Fue tan grande su emoción al sentir que era un cadáver auténtico, después de haber vivido un sainete, que, con ingenua alegría, comenzó a llorar profusamente. Lo sepultaron en una fosa común, con un letrero NN, y continuaba llorando. Lo más probable es que allí, en una ignota sepultura sin honores y sin gloria, su auténtica calavera, a pesar del paso del tiempo, aún continúe llorando, con auténtica alegría de ultratumba».

El primer y último llanto del profesor Bermudo Bermúdez

El profesor Bermudo Bermúdez, quien se preciaba de jamás haber llorado, no podría olvidar hasta su muerte aquel inolvidable instante en el que, sitiado por una manada de sabios y dos furiosas mujeres, tuvo el diabólico impulso de tirarlo todo por la borda y, haciendo mutis por el foro, sumergirse en la soledad del anochecer. Anduvo errante quién sabe cuántas horas, con la mente turbada y las piernas cansadas por el peso de su respetable panza.

Necesitaba reconciliarse con su espíritu, ordenar las ideas y brindar por el Bermudo Bermúdez que acababa de nacer, como único vestigio de todo su pasado. Casi sin darse cuenta, como un autómata calvo, llegó hasta la barra de aquel bar donde, como diría un poeta lírico, su sendero se cruzó con el de Pascuala, la exmonja que durante algunas horas de aquel inolvidable día se había transformado en la doctora Cutiño, recién llegada del Brasil.

Ese encuentro casual al calor de un par de *whiskys*, había exacerbado sus amorosos bríos, desencadenando una secuencia de situaciones novelescas que, como epílogo, habían convertido su futuro en una caja de Pandora colmada de incógnitas, en las que Bermudo ni siquiera quería pensar. Cuando apuró el primer sorbo, un helado escalofrío le recorrió el espinazo. Gélido, como los trozos de hielo del *whisky* en las rocas que revolvía con un dedo, invadido por una morbosa sensación de triunfo, pues Ricarsinda, su exesposa, agriamente lo recriminaba siempre que él utilizaba el índice en cambio del mezclador, en especial cuando se codeaban con la gente encopetada que ella solía frecuentar.

Don Bermudo jamás había llorado. Ni siquiera cuando murió don Bermudo del Carmen, su padre. Esa noche, acompañado por una total soledad, revolviendo un *whisky* doble con su índice, sintió infinitos deseos de llorar. Pero se abstuvo. Tenía la sensación extraña de que, como en un funesto aquelarre, se congregaban en la barra del bar dos mujeres furiosas y una manada de sabios, con el sádico propósito de verlo llorar.

Pidió una ronda para todos, mujeres y sabios imaginarios, y, tras revolver con un dedo su *whisky* en las rocas, lo bebió de un solo sorbo y, ante la mirada atónita del encargado del bar, comenzó a reír a carcajadas sin poder contenerse, convulsiva e histéricamente. La barriga temblaba como una gelatina y las lágrimas bañaban las rosadas mejillas. Sin quererlo, aquella noche, don Bermudo Bermúdez había aprendido a llorar.

Sosegado ya, don Bermudo pudo aclarar sus pensamientos. Visualizó con claridad el epílogo del día: mientras que él lloraba solitario en la barra del bar donde comenzó la tragedia, sin tener a donde ir, siendo ya la medianoche, Ricarsinda se habría despedido de Pascuala, con intención de entablarle a día siguiente un juicio de divorcio por causales de adulterio y abandono del hogar. Pascuala, oronda y satisfecha por la fugaz aventura que le permitió viajar por primera vez en avión y conocer, sin perder gran cosa, una isla caribeña, estaría escogiendo el bar al que iría el día siguiente a pescar otro viejo papanatas. Los sabios, con el profesor Matallana a la cabeza, a esas horas estarían, entre libación y libación, inventando chistes flojos sobre su estado sicótico y satisfechos por haberse librado, sin habérselo propuesto, de escuchar su conferencia magistral.

Solo él, el profesor Bermudo Bermúdez, había sido el payaso del sainete, el loco que, por sus disparates, en la barra de un bar, riéndose a las carcajadas, había aprendido a llorar. Ahora sí, al diablo con el pasado, pensó el profesor Bermúdez. Hombre de armas tomar, como ya habíamos dicho, pidió un taxi con rumbo a una discreta casita de fiestas, en la que los viejos libidinosos pagan para poder pecar.

Fue recibido con abrazos y besamanos por un par de chicas pizpiretas que aún se encontraban despiertas esperando la clientela. Bermudito, le decían besuqueándole la calva, mientras que él meditaba, ausente de esos melindres, en su extraña situación y en la caja de Pandora que se acababa de abrir; por los trajines del día, añorando estar en su cama, solamente descansando a pierna suelta, pues estar en compañía de Ricarsinda era lo mismo que estar solo. Como él solía repetirlo, era una vieja inepta, un maniquí. Hoy no quería amatorios devaneos. Había llegado al Palo de la Rosa, que así se llamaba el salón de fiestas o discreto burdelillo, en busca de una cama donde pasar el resto de noche y, de paso, hablar de negocios con Rosalba, la decadente dueña del establecimiento, pensando en soluciones para su incierto futuro.

Como pudo, mandó al cuerno a las dos coquetonas hetairas y pidió que llamaran a Rosalbita, porque quería invitarla y conversar sobre un tema importante. Al cabo de unos minutos, que le parecieron siglos, pues por estar muy cansado, casi que exhausto, ansiaba liquidar el asunto del negocio tan pronto como fuera posible y tirarse en cualquier cama a dormir como una foca.

«¡Hola, Bermudito! —exclamó Rosalbita, entrando en escena—. Tanto tiempo sin verte. ¿Qué te habías hecho? ¿En qué andabas, viejo sinvergüenza?». Con problemas, Rosalbita. Con problemas. Estoy hecho cisco», respondió don Bermudo con voz quejumbrosa. «Desembucha, viejo verde. Sabe Dios en qué líos te habrás metido».

Sin mayores detalles, para no dañar su imagen, el profesor Bermúdez le contó a Rosalba los sucesos de los últimos días y concluyó gimoteando: «Como te habrás dado cuenta, querida Rosalba, un solo paso en falso, o, como dices tú, una sola metida de pata, en el lugar equivocado, a la hora inoportuna, destruye de un solo tajo toda una vida». Como verás, mi vida de profesor catedrático ha quedado anclada al pasado. Decidí dedicar mi experiencia y conocimientos al mundo de los negocios, utilizando una platica que me dejó mi padre, don Bermudo del Carmen. He venido esta noche con el propósito de hacerte una propuesta formal de compra de este establecimiento. Además, pido tu hospitalidad, pues no tengo sitio para dormir».

A medida que Bermudo pronunciaba su amanerado discurso, los cachetes de Rosalba se enrojecían y, fulminándolo con la mirada, casi a los gritos, le dijo: «¿Quién le habrá dicho al señor don Bermudito que mi establecimiento está en venta? ¡Váyase al diablo, carajo! Usted es solo un cliente que se escapa de su mujer. Sépalo por si no lo sabe, que este negocio nunca se va a vender».

Apabullado, Bermudo le insinuó, tímidamente, con melosa vocecita: «Rosalbita, mi muñeca, no te quise molestar. Si te parece, amorcito, te propongo que seamos socios. Yo pongo la platica que me dejó mi padre, don Bermudo del Carmen, y tú la manejas. Confío muchísimo en ti». Rosalba lo interrumpió: «Su confianza me importa un bledo. Ni en usted ni en ningún cliente confío. Mi madre, que era una santa, me aconsejó que, con clientes, solamente los negocios son en la cama y con pago adelantado. Si no tiene donde dormir, duerma en el sofá como pueda». Sin dejar revirar a Bermudo, salió como volador sin palo.

¡La suerte estaba echada!, pensó el profesor Bermúdez. O, para estar más a la altura de su sapiencia: *Alea iacta est*! Aunque estaba extenuado, fue muy poco lo que pudo dormir. El sofá era muy estrecho para su enorme barriga. Además, se sentía humillado, burlado, apabullado. No había sino un camino para tener una cama digna de un académico como él, con desayuno incluido: pedir perdón a Ricarsinda. Pensar en dormir en un hotel le causaba una angustiosa sensación de abandono y soledad que no podía soportar.

Cuando llegó a su casa, por poco se le queda la boca abierta. Con maletas y maletines, en la puerta del antejardín, estaban, nadie más ni nadie menos, que Ricarsinda y Pascuala, elegantemente ataviadas. Pascuala fue la que habló con ironía y absoluta serenidad: "«Respetado Profesor Bermúdez, la señora Ricarsinda y yo esperamos un taxi, pues pensamos internarnos una semana en el convento de las Hermanitas Adoradoras de las Llagas de San Lázaro, mientras que se terminan los papeleos para nuestro viaje a Europa. La señora Ricarsinda, quien es un amor, me invitó». ¡Don Bermudo estaba mudo!

La señora Ricarsinda lo miró como se mira a una cucaracha. «Ahora que me libré de usted, voy a gastarme mi plata. En la casa queda mi madre y mis dos hermanos. Sus cosas están en una caja frente al portón. En un papel pegado a la caja están las señas de mi abogado. Haga lo que le venga en gana».

Estaban en esas, cuando llegó el taxi, cargaron y partieron, dejando a Bermudo en el andén sin poder cerrar la boca.

Ahora sí quedé en la olla, cayó en cuenta el profesor. Solo le quedaba en este mundo la Asociación de Sabios Despistados. Pero primero tenía que desagraviar a los sabios. Les informaría de que estaba en plena recuperación de un accidente sicótico paranoico que le había perturbado la razón y, al fin, escribiría, utilizando palabras rimbombantes, frases de cajón y plagios de diferentes autores, el ensayo sobre «Los efectos psicopatológicos de la vida y la muerte en el comportamiento sexual de los cuadrúpedos».

En desarrollo del plan, llegó a un café internet y pidió un computador. Embotado, apabullado y humillado, se dijo a sí mismo: bueno, Bermudo, ahora manos a la obra. Sin embargo, ni las manos ni la mente respondían. Apuró tres tazas de café, pero no lograba dar a luz ni una sola palabra coherente, ni una frase célebre, ni siquiera un mal pensamiento. La desesperación iba en aumento con cada hora que pasaba en blanco, hasta que, en un clímax de histeria, don Bermudo rompió a llorar.

Salió a la calle trastrabillando como si estuviera ebrio, dejando abandonada la chaqueta en el café internet. Deambuló por algunas cuadras y, en el cruce de una esquina, se estrelló con una motocicleta que avanzaba a toda marcha.

Cuando Bermudo abrió los ojos, vio a dos médicos vestidos de blanco, uno de los cuales comentó, meneando la cabeza: Aquí ya no hay ningún caso». Le dolía todo el cuerpo, unos tubos le laceraban la garganta y él, el profesor Bermúdez, quien jamás había llorado, lloraba copiosamente. Vio a Pascuala, a Ricarsinda, a Rosalba, al profesor Matallana, quienes reían a carcajadas burlándose de la muerte. La visión se fue esfumando e hizo mutis por el foro. Pasadas ya varias horas, el cadáver de Bermudo aún continuaba llorando.

Pesadilla

(Rimbombantemente narrada con estilo demagógico populista)

Con el tempranero madrugar de Helios, quien agredió mis retinas con su radiante haz de fotones, salí del onírico trance en el que sumido me hallaba durante las tenebrosas sombras noctámbulas, recobrando la difusa conciencia sin opugnar su lumínico mandato, y salté de mi abullonada yacija, enrumbando mis vacilantes pasos hacia el contiguo mingitorio, fiel a la atávica usanza adquirida desde mi remota parvulez, para no caer en la manía vergonzante de la enuresis nocturna.

Acullá, durante gratificante, longa y fluida micción, mis abstrusos sesos no columbraron pensamiento distinto al de la atosigante gazuza que punzaba mi vacua andorga, ya que, debido a la aberrante indigencia de mi faltriquera, como predican las señoras, me había entregado en brazos de Morfeo sin pasar un mínimo bocado por el gaznate.

Rielaban por doquier tentadoras visiones de opíparos piscolabis; humeantes cigotos de gallinácea ya gestados, freídos en oleaginoso humor; hirvientes tazones colmados con el líquido perlático de la consorte del cornúpeta; frescas hogazas con grasa embadurnadas y cítricos brebajes, asaz de otras muchas pepitillas. Concordante era todo este alucinante espejismo con el voraz apetito de yantar que en mí crecía de modo sumo, de manera contumaz, mientras practicaba mis matutinas abluciones.

Ansina pues, sin mayores esfuerzos del caletre, pues muy poco cacumen me asistía en tan tempraneras horas, descalzo de coturno y sin mayores atuendos, tan solo aquellas prendas para camuflar mis pudendas partes, me allegué al lugar de la despensa para atacarla con depredadora furia. Sin embargo, solo topé en el vacuo cillero unos pocos mendrugos imposibles de morfar, mohosos badajos dignos tan solo del cajón de la bazofia. Fadrubado y azogado, a duras penas logré colegir la magnitud del desencanto que me había reservado el traicionero hado trocando mis matinales ilusiones en tenebroso berrinche.

Toscamente empilchado y con menguada guita en la escarcela, abandoné la estancia por la estrecha calleja colmada de oquedades y de desperdigado bodrio descompuesto, rumbo a cualquier mísero tabanco o a la trastienda de abastos para chalanear algún mecato que, acorde con mi exiguo parné, menguara, al menos en parte, la atosigante gurbia.

Abocando la tarea de aplacar la premura de algo morfar, encaré al tendero con entrecortadas y angustiosas lexías atinentes a mi acucia. El muy mentecato, sin la más mínima compunción, se regocijaba parloteando babélicamente por un vetusto transmisor a distancia de articulados fonemas trocados en palabras inteligentes o estólidas, vaya uno a saberlo, sin darse tregua alguna, fingiendo, el muy tosco mentecato, no percatarse de mi presencia.

Después de trascurrida media hora sideral, entró a la trastienda una lozana mucama armada con una cesta de mimbre pendiente de su muy majo antebrazo. Expectante, creí vaticinar que el propósito de la tempranera visitación de la grácil maritornes no era otro que el de mercar algunas vituallas por mandato de su ama. Mas los imprevistos aconteceres en el proscenio o escenario del descachalandrado abasto, mostraron a las claras un pasmoso libreto de aquel improvisado sainete del que mis oculares glóbulos fueron atónitos espectadores.

La aparición de la coquetona zagala de andar voluptuoso obró el prodigio patente de abortar el teleparloteo del estólido y hablantinoso tendero. ¡Justa causa! Imposible soslayar que Maritornes bien dotada estaba: sus redondeadas cachas se erguían bamboleantes y airosas. La tela ligera del jubón dibujaba las esferas de sus sinuosas cúpulas mamarias. Y qué decir de sus ebúrneas zancas anunciadoras del «non plus ultra», cuales pilares de Hércules.

Con lúdica complicidad, sin importarles un bledo mi presencia, ávidos, iniciaron un soslayado cuchicheo, atinente, presumo en mi supina ignorancia, a escudriñar por la oportunidad de una refocilación con eróticos pasatiempos, a espaldas de la escuálida consorte del pícaro tendero.

Cuando las manos del muy bellaco iniciaron un ávido ir y venir por la anatómica estructura de la graciosa mucama, inferí que mis ávidas ansias gastronómicas, en medio de este idilio, jamás podrían ser saciadas.

Tras de un resignado mutis, inmergí mis pasos en el absurdo tráfago citadino, errando mi andar por diversos vericuetos y recovecos, hasta llegar a una umbrosa plazoleta, donde allegué a mis manos la consuetudinaria gaceta del día, plagada de terroríficas historias atinentes a las desvergonzadas calaveradas de burócratas y políticos y a las sobrecogedoras pilatunas de sádicos y pedófilos violadores.

Absorto en tan macabra lectura, errático, divagué por tétricas callejuelas en las que pululaban, ávidos de prebendas, rufianes y ñapangas, como ocasionales arquetipos de la depravación absoluta a la que puede llegar el vanidoso *Homo sapiens*. Vale la pena dejar constancia de que no padezco aporofobia.

La repugnante lectura de la gaceta, el funesto espectáculo de la injusta miseria, así como la desazón ante la incuria de los gobernantes de todos los credos, quienes, ante esa tragedia humana, solo atinan a fabricar frases rimbombantes durante las campañas electorales, y la creciente gurbia que laceraba mi panza, en fatídico contubernio apabullaban mi ánimo, hasta el punto de incitarme a eutanásicos pensares.

Para colmo de mis afugias, una atarjea, abierta por ineficiencia de la administración del estólido burgomaestre de turno, interrumpió mi sonámbulo deambular, pues sin percatarme ni un ápice caí en su sima, esgrimiendo en mi diestra la morbosa gaceta.

Desazonado, presentía la inminencia de un doloroso trauma cráneoencefálico, fruto del tremendo tortazo, mas para mi incrédula estupefacción, me encontré ileso en una tibia caverna tenuemente iluminada en la que reinaba un sepulcral silencio. En un momento, llegué a discurrir que me hallaba en el purgatorio, y que no era yo sino mi alma la que se hallaba en trance de depuración, pagando por mi famélica voracidad.

La gratificante paz solo duró unos ínfimos instantes. Una luz infernal cegó mi vista, un sonido ululante laceró mis oídos y, como en un funambulesco aquelarre, la erótica doméstica y el libidinoso tendero reían a carcajadas befándose de mi aturdido pánico. Sádicamente, pasaban por mi nariz las ya muy mentadas opíparos piscolabis; humeantes cigotos de gallinácea ya gestados, freídos en oleaginoso humor; hirvientes tazones colmados con el líquido perlático de la consorte del cornúpeta; frescas hogazas con grasa embadurnadas y cítricos brebajes, asaz de otras muchas pepitillas, idénticos todos ellos a los de mis espejismos matinales.

Sin conmiseración, me llevaron a rastras. Me encontré en un recinto magnífico, regiamente ornado, columnas doradas, cortinajes de terciopelo, en el centro una luminaria de cristal y al frente un óleo inmenso de algún prócer macilento, con charreteras doradas y espada al cinto.

Unos cien figurones con aspecto de profetas bíblicos alegaban, se quitaban la palabra, cruzaban frases y miradas iracundas. Logré entender que discutían un proyecto de ley, cuya finalidad era garantizar la seguridad ciudadana y, para ello, pretendían reglamentar las actividades de malhechores, violadores y pedófilos, estableciendo estrictos horarios de funcionamiento de acuerdo con el último número de la cédula de ciudadanía, junto con las penas aplicables cuando fuesen pillados infraganti.

Ante una seña del miserable tendero, el patricio, que fungía como presidente del trascendental debate, pidió al secretario sonar una campanilla, a pesar de lo cual los congresistas no cesaban la algarabía.

Súbitamente guardaron silencio. Desde un rincón muy visible, el tendero y la mucama continuaban sus burlas contra mí con señas de manos indecentes. El ponente, con aspecto de poeta decimonónico, presentó mi caso ante el congreso en pleno. En el magno recinto reinó un silencio aterrador. Los hombres sabios de la mesa directiva algo cuchichearon entre dientes. Fue entonces cuando el antipático mequetrefe que fungía como presidente, con la ampulosidad de un juez municipal, sentenció mi destino: «¡Hambrienta criatura, insignificante alepruz! ¡Que el mismo Satanás te lleve a los infiernos! ¡Solo desapareciendo tu voraz andorga, podremos liberarte de la descomunal gurbia que te agobia! Pero como tu panza prácticamente se confunde con tu propio ego, tendremos que desaparecerte por completo. Te arrojaremos, sin más coloquios inanes, al vacío de la eternidad, donde te alimentarás con motetes y polvo de estrellas».

Como a un inservible pelele, sin otorgarme un ínfimo derecho de abucheo, me izaron con sus brazos sudorosos y se dieron al inmundo cachondeo de zarandearme en medio de vulgares y estridentes risotadas, hasta que, al fin, me abalanzaron a un profundo vacío, no sin antes haberme extraído con sus uñas afiladas mi vacua barriga.

Cuando presentía llegar a lo más hondo del tercer círculo infernal, escuchando ya los ladridos pertinaces de Cerbero, desperté del terrorífico sueño y, atónito, recobré la conciencia. Medroso, juré eterno amor a mi vieja cuja en la que yacía plácidamente, lechigado sin dolencia infernal alguna, pero, eso sí, con una terrible migraña, un monumental empacho y un incómodo sentimiento de culpa, pues valga la verdad, que el opíparo condumio de la noche anterior, acompañado con profusas libaciones con Chianti añejo y adornado con amorosas jugarretas con jóvenes contertulias, podría considerarse como una apología de los siete pecados capitales y el causante de la tremebunda pesadilla, equiparable tan solo con la del bíblico Jacob.

El viejo y el burro

Por un camino rural bordeado de eucaliptus y de sauces llorones, por el cual casi nadie transitaba, paso a paso andaba un burro llevando en su lomo a un anciano macilento. El viejo, quien probablemente era mucho más viejo que el burro, blasfemaba y maldecía con palabras soeces e incoherentes disparates a cada paso del jumento.

Al anciano cascarrabias ni siquiera le importaba hacia donde se dirigían los lentos pasos del burro, pues tan anciano ya estaba, que nadie ya lo esperaba, ni él tenía a quien buscar. La desgreñada barba, gris como el pelo del burro, y la cabeza enfundada en un gorro rojo de lana. Con una mano arrugada y artrítica, con una cabuya guiaba los pasos del burro y en la otra llevaba una vara para fustigar sin lástima al desdichado animal cada vez que maldecía.

Evocaba con nostalgia, como en la bruma de un sueño, las mañanas domingueras cuando, por el mismo camino, respirando juventud, cabalgaba hacia la aldea, montado en su yegua blanca, persiguiendo una esperanza. A la salida de misa, en el atrio de la iglesia, solía requerir de amores a la doncella más hermosa del rústico villorrio y de la provincia toda, halagando su femenil vanidad y sus grandes ojos negros, con un ramo de rosas rojas, cortadas a hurtadillas en el jardín de la comadre Nieves.

Recordaba con tristeza que la hermosa campesina fue tan solo una quimera. Sin saber cómo ni cuándo, para siempre la perdió, no se puede precisar si el naufragio fue su culpa o fue culpa del destino. Ya después de tantos años, solo la hermosa aldeana, si es que no ha muerto por vieja, conoce con exactitud los más íntimos intríngulis de lo que pasó con las rosas rojas del jardín de doña Nieves.

Mientras que el viejo en silencio alimentaba la nostalgia, entre varazo y varazo, el jumento meditaba en lo cruel de la existencia y en la grotesca realidad de la estupidez y de la crueldad de los humanos. Con estoica mansedumbre, como un filósofo griego, en silencio mascullaba sus asnales pensamientos. Tuvo innegable razón un poeta de España en llamar a su jumento Marco Aurelio de los Prados.

Ya se acercaba la noche. Tanto el viejo como el asno estaban ya fatigados, y, para colmo de males, ambos estaban hambreados. Se puso a pensar el viejo, cosa en él no muy frecuente, en que lo más indicado era buscar algún sitio a la vera del camino para poder descansar antes de seguir la marcha. Al fin y al cabo, no llevaban rumbo alguno y nadie los esperaba.

Tras andar un corto trecho a la velocidad del burro, el viejo vio un verde césped con arbustos de retama y, sin pensarlo un minuto, enrumbó hacia allá los pasos del buen asno, propinándole un varazo. Se apeó el viejo del jumento, vomitando maldiciones, pues le dolía la cintura y le temblaban las piernas, dejó suelto al borriquillo y se sentó en una piedra a meditar en su suerte y a implorar en un murmullo, casi que en una blasfemia, el milagro de la muerte.

Recordó con amargura la mañana dominguera cuando perdió la esperanza llevando un ramo de rosas rojas a una imposible quimera. Fueron cosas de la suerte, pensó solapadamente, como evadiendo los gritos de su confusa conciencia. Al despertar del ensueño, lo primero en que pensó fue en la falta de comida, pues estaba sentenciado a pasar la noche entera con el estómago vacío, mientras que el burro a su lado gozaba un excelente banquete, con verde grama, con hojitas de retama y florecillas silvestres. Envidió casi con furia la buena suerte del asno.

Por primera vez en aquel día, se preguntó a dónde iba cabalgando, caballero en un jumento. Él mismo se respondió que no iba a parte alguna, pues ya nadie lo esperaba. Aceptó con amargura que andaba errante por los caminos, buscando la esperanza que se le había perdido hacía ya muchos años y no había logrado hallarla. Sin esperanza, su vida no tenía ningún sentido.

En esos pensamientos disparatados andaba el viejo, cuando por capricho de la casualidad, pasó un campesino joven, jinete en su bicicleta, quien al ver en las sombras de la noche a un viejo solitario sentado en una piedra en compañía de un jumento, en una escena espectral, como buen samaritano, se detuvo a conversarle.

«Oiga, amigo. ¿Qué le sucede? ¿En algo puedo ayudarlo?» El viejo lo observó con desconfianza y, entre dientes, de muy mala gana, le contestó que descansaba del viaje, mientras el burro cenaba. El campesino le hizo ver que ya estaba anocheciendo y que no era conveniente pasar la noche solitario en ese páramo frío. Que podrían asaltarlo y robarle el burro. Finalmente, le dijo: «Ya su burro comió y descansó. ¿Por qué no sigue su viaje, para que llegue temprano a donde quiera que vaya?» El viejo le respondió, casi rompiendo a llorar: «No voy a ninguna parte».

El campesino, aterrado, no sabía qué pensar. Tal vez lo mejor sería no meterse en vida ajena, aún más tratándose de un viejo malhumorado y gruñón. Pero pudo la compasión y le dijo tímidamente: «Cuénteme qué le sucede a ver si puedo ayudarlo».

«Qué va a poder ayudarme —dijo el viejo en un gruñido—. Soy un pobre desgraciado que ha perdido la esperanza. Ya nada tengo en la vida. Solo este viejo burro que casi no puede andar».

«No entiendo bien lo que dice. Pero, ¿por qué la perdió? ¿Por qué perdió la esperanza?» Se atrevió a decir el campesino, temeroso de que el viejo se enfureciera y le pusiera un ojo negro por andar de entrometido. Y, con más temor todavía, agregó: «¿Cómo fue que la perdió?»

El viejo necesitaba desahogarse y resolvió seguir la conversación con el campesino desconocido. Llevaba ya muchísimas semanas sin tener con quien cruzar palabra alguna. Solo el viejo burro escuchaba sus blasfemias, con asnal resignación.

Como escupiendo palabras, al campesino enteró de que por sus muchas locuras su vida había sido una desgracia, que todos lo abandonaron. Le contó que los domingos robaba rosas rojas del jardín de doña Nieves, para ofrendarlas al ensueño de su vida. Y que también la perdió, como perdió la esperanza, por andar haciendo alarde de hombre de mundo parrandero y borrachín.

Lo peor de su historia era que, cansado y viejo, ya no tenía esperanza y, para rematar el cuento, casi gritando, le dijo: «Usted me ha caído bien y le voy a confesar mis dos mayores errores: el primero, haber nacido, y el segundo, no haber muerto». Quedó boquiabierto el campesino ante tan tremendo disparate y pensó para sus adentros que el viejo estaba más loco que una cabra. Pero, sin quererlo, dijo sin miedo: «Usted es más burro que el burro».

El viejo se enfureció, tiró puñetes al aire, despotricó de la madre del compasivo campesino, pero este, sacando valor de alguna parte, en las barbas le gritó: «Es más infeliz que el burro, o, dicho de otra manera, el burro es más feliz que usted. El burro tiene esperanza, mientras que usted la perdió». Tembloroso por la ira, el viejo atinó a gritar: «No me crea tan pendejo. Qué esperanza va a tener este pobre burro viejo».

Ya en prudente retirada, para evitar una golpiza, el campesino del cuento exclamó sardónicamente: «¡Claro que sí tiene esperanza! ¡La esperanza de que usted muera muy pronto, esta noche si es posible, y se vaya al mismo infierno, y lo deje vivir en paz su vida de burro viejo, sin tener que llevar a cuestas la carga de su esqueleto!»

Cuando el campesino, con prudencia, comenzó a pedalear en retirada, poniendo punto final al disparatado encuentro casual, escuchó que el viejo burro aprobaba aquel coloquio con un sonoro rebuzno, como un toque de clarín anunciando la victoria, ¡con un rebuzno triunfal!

Epílogo

Para tranquilidad de los pocos valientes lectores que hasta este punto han llegado, les prometo que no volveré a escribir.

Ya cumplí con mi compromiso con la vida: no solo tuve un hijo, sino cuatro; he sembrado varios sauces llorones y, cuando mi esposa vivía, unas cuantas margaritas, rosas y siemprevivas. Finalmente, traté de escribir un libro, el cual, a pesar del esfuerzo, parece ser un folletín.

Me entregaré a las disquisiciones sobre el tránsito del pasado al futuro, pasando por el presente el cual, aunque lo intentara, no podría ser futuro porque de inmediato forma parte del pasado.

Me despido con un soneto, como ha sido siempre mi costumbre.

Punto final

Ya sumido en las sombras del ocaso,
pongo punto final a este folleto,
en el que dije en voces de un soneto
el fluir de mi vida, paso a paso.

Entre el esquivo triunfo y el fracaso,
un ingeniero fui, simple y escueto,
y de ninguna forma es un secreto
que siempre anduve, de dinero, escaso.

Cada hijo con su hogar, es mi ventura.
En mis noches, su imagen celestial,
mitiga de la ausencia la amargura,

y los ecos del pacto conyugal
regalan a mi oído, con ternura,
las notas de un arpegio angelical.

LECTURAS RECOMENDADAS

Hubimos (Gustavo Arturo Velásquez Vásquez)

Realidades (Carolina Salazar)

De anécdotas y casualidades (Juan Gutiérrez)

Tsonkiri «lo que vuela más alto» (Danitza Crosby)

El eco de las palabras (José Angelino Leal)

En donde las voces se esconden (Katherine Mera Pereira)

www.ingramcontent.com/pod-product-compliance
Lightning Source LLC
La Vergne TN
LVHW041212150826
845673LV00001B/370

* 9 7 8 6 1 2 5 0 7 8 5 0 6 *